大方廣佛華嚴經第六十卷變相

入法界品三九

遊名林會

KB189440

大方廣佛華嚴經

일러두기

1. 『대방광불화엄경 강설』 원문原文의 저본底本은 근세에 교정이 가장 잘 되었다고 정평이 나 있는 대만臺灣의 불타교육기금회佛陀教育基金會에서 출판한 『화엄경소초華嚴經疏鈔』본입니다.

2. 『대방광불화엄경 강설』은 실차난타實叉難陀가 695년부터 699년까지 4년에 걸쳐 번역해 낸 80권본卷本 『대방광불화엄경』을 우리말로 옮기고 강설을 붙인 것입니다.

3. 『대방광불화엄경』은 애초 산스크리트에서 한역漢譯된 경전이지만 현재 산스크리트본은 소실된 상태입니다. 산스크리트를 음차한 경우 군이 원래 소리를 표기하려고 하기보다는 『표준국어대사전』이나 『불교사전』 등에 등재된 한자음을 사용하는 것을 원칙으로 하였습니다.

4. 경문의 한글 번역은 동국역경원본을 참고하여 그대로 또는 첨삭을 하며 의미대로 번역하고 다듬었습니다.

5. 각 품마다 내용에 따라 단락을 나누고 제목을 달았습니다. 단락의 제목은 주로 청량淸凉스님의 견해에 기초하였고 이통현李通玄장자의 견해를 참고로 하였습니다.

6. 『대방광불화엄경 강설』의 발행 순서는 한역 경전의 편재 순서를 기준으로 하였고 각 권은 단행본 한 권씩으로 출간될 예정이며 모두 80권으로 완간됩니다. 다만 80권본에 빠져 있는 「보현행원품」은 80권본 완역 및 강설 후 시리즈에 포함돼 추가될 예정입니다.

7. 『대방광불화엄경 강설』 안에서 불교용어를 풀이한 것은 운허스님이 저술하고 동국역경원에서 편찬한 『불교사전』을 인용하였습니다.

8. 각주의 청량스님의 소疏는 대만에서 입력한 大方廣佛華嚴經 사이트의 것을 사용하였습니다.

9. 『대방광불화엄경 강설』 입법계품에 들어가는 문수지남도는 북송北宋시대 불국佛國선사가 선재동자가 53명의 선지식을 친견하여 법을 구하는 장면을 하나하나 그림으로 그린 것입니다.

대방광불화엄경 강설
제 60 권

三十九. 입법계품入法界品 1

실차난타實叉難陀 한역
무비스님 강설

서문

석가모니 가장 높으신 세존
일체 공덕을 갖추시니
보는 이의 마음이 청정하며
큰 지혜에 회향하도다.

여래의 크신 자비로
세간에 출현하시어
널리 중생을 위하여
가장 높은 법륜을 굴리셨도다.

여래께서 수없는 겁 동안
부지런히 고행하여 중생을 위하셨으니
어찌하여 모든 세간들이
큰 스승의 은혜를 갚을 수 있으리오.

차라리 한량없는 겁 동안
모든 악도의 고통을 다 받을지언정
마침내 여래를 버리고
벗어나기를 구하지 않으리로다.

차라리 모든 중생을 대신하여
온갖 고통을 다 받을지언정
마침내 부처님을 버리고
안락을 구하지 않으리로다.

차라리 모든 악도에 있으면서
항상 부처님의 이름을 들을지언정
선한 길에 태어나 잠깐이라도
부처님 이름을 듣지 못함은 원치 않으리로다.

차라리 모든 지옥에 다 태어나
낱낱이 수없는 겁을 지낼지언정
마침내 부처님을 멀리 여의고
악도에서 벗어나기를 구하지 않으리로다.

일체 모든 악도에서 오래 있기를
어찌하여 원하는가
여래를 친견하고
지혜를 늘리려 함이로다.

만약 부처님을 친견하면
일체 고통을 소멸하고
모든 여래의 큰 지혜 경계에
능히 들어가게 되도다.

만약 부처님을 친견하면

일체 장애를 다 떠나고

다함없는 복덕을 길러서

보리도菩提道를 성취하리라.

여래께서는 영원히

일체 중생의 의심을 끊고

그들이 좋아하는 마음을 따라서

모두 다 만족하게 하도다.

2017년 5월 1일

신라 화엄종찰 금정산 범어사

如天 無比

대방광불화엄경 목차

대방광불화엄경 강설 제60권

三十九. 입법계품入法界品 1

대방광불화엄경 강설

제60권

三十九. 입법계품 1

입법계入法界란 법계法界에 들어간다는 말인데 그렇다면 법계란 무엇인가. 세계와 우주 전체를 불교에서 일컫는 말이다. 법계란 법法의 세계, 진리의 세계, 진여법성의 세계인데 우주 전체를 그와 같은 법계法界라고 하는 뜻은 무엇인가.

우리들이 경험하고 있는 현실의 있는 그대로의 세계와 그것을 그렇게 존재하게 하는 바의 것, 즉 진리, 진여법성의 두 가지가 하나로 융합되어 구분할 수 없는 상태로 표현하는 말이 곧 법계이다. 즉 본체계本體界와 현상계現象界를 하나의 진리의 세계로 묶어서 일컫는 말이 법계이다.

그러므로 세계와 우주와 우주 안에 존재하는 모든 것은 곧 법으로 존재하고 진리로 존재하는 것이기 때문에 법계라고 한다. 그래서 천지만물과 삼라만상과 두두물물은 현재 그대로가 곧 진리며 법이다. 이와 같은 이치를 깨달아 들어가는 가르침이므로 입법계품이라 한다.

입법계품은 근본법회根本法會와 지말법회[枝末法會, 61권 중간부테라는 두 부분으로 나누어진다. 근본법회는 법계에 들어간 상태에서의 결과적인 내용을 밝혔고, 지말법회는 법계에 들어가는 과정으로서의 원인을 밝혔다. 법계에 들어간 결과로서의 내용은 법계에 순식간에 들어가고, 법계에 들어가는 과정으로서의 원인은 점차적으로 들어간다. 또 근본법회가 전체적인 내용이라면, 지말법회는 개별적인 내용이다. 그러나 실은 전체와 개별이 원융하고 근본과 지말이 걸림이 없다.

입법계품 총 21권 중 한 권 반은 근본법회의 내용이고, 열아홉 권 반은 지말법회의 내용이다. 지말법회는 점차적인 과정을 밟아 가면서 법계에 들어가는 내용으로 선재동자善財童子라는 동자를 앞세워 수많은 수행자가 함께 53명의 선지식을 찾아다니며 법을 묻고 법에 들어 가면서 현실세계가 곧 진리의 세계, 법계라는 경지에 이르러 간다. 그래서 예로부터 입법계품을 '사람에 의지하여 진리의 세계로 깨달아 들어가서 부처님의 덕을 성취해 가는 부분[依人證入成德分]'이라고 하였다.

설법의 장소도 바뀐다. 처음에는 실라벌국 서다림 급고독원의 대장엄 중각강당에서 시작하였으나 선재동자가 53선지식을 찾아다니므로 선재동자를 따라 옮겨 가면서 열리게 된다.

근본법회根本法會

입법계품은 특별히 근본법회根本法會와 지말법회[枝末法會, 61권 중간부터]라는 두 부분으로 나뉜다. 근본법회와 지말법회에 대한 청량淸涼 스님의 설명을 인용하면 다음과 같다. "네 번째는 바로 경문을 해석한다. 입법계 한 품을 크게 나누면 둘이 된다. 처음은 근본법회를 밝혔고, 뒤에 '그때에 문수사리보살이 선주누각으로부터 나와서' 이하 경문은 지말법회를 밝혔다. 또 앞부분은 결과로서의 법계를 밝히고 뒷부분은 원인의 법계를 밝혔다. 또 앞부분은 한꺼번에 법계에 들어가고 뒷부분은 점차적으로 법계에 들어가는 것을 밝혔다. 또 앞부분은 전체적인 내용이고 뒷부분은 개별적인 내용이다. 그러나 전체와 개별은 원융하고 근본과 지말은 걸림이 없다. 또 앞부분은 곧 수행이 없이 한꺼번에 증득하니 이것은 바른 종지의 극치이다. 뒷부분은 사람에 의지하여 닦아 들어가서 유통을 분명히 하였다. 유통과 바른 종지는 원융하고 중간과 뒤는 걸림이 없다."[1]

1. 서분序分

1) 세존

이시　세존　재실라벌국서다림급고독원대
爾時에 世尊이 在室羅筏國逝多林給孤獨園大

장엄중각　여보살마하살오백인　구
莊嚴重閣하사 與菩薩摩訶薩五百人으로 俱러시니라

그때에 세존께서 실라벌국室羅筏國 서다림逝多林 급고독원給孤獨園의 대장엄중각大莊嚴重閣에서 보살마하살 5백 사람과 함께 계시었습니다.

---

1) 第肆, 正釋文：一品大分為二：初, 明本會. 後, 爾時文殊師利從善住樓閣出下, 明末會. 亦前明果法界. 後, 明因法界. 又前頓入法界. 後, 明漸入法界. 又前總, 後別. 總別圓融, 本末無礙. 又前卽亡修頓證, 是正宗之極. 後是寄人修入, 以辨流通. 通正圓融, 中後無礙.

불교에서는 세 가지 세간을 말한다. 그 세 가지 세간이 원만히 갖춰진 것을 먼저 살펴보고 법문을 설하게 된다. 세존은 깨달음의 세간[智正覺世間]이 원만하였음을 나타내고, 실라벌국 등 장소는 부처님과 모든 대중을 머물게 하는 그릇으로서의 세간[器世間]이 원만하였음을 나타내고, 보살과 성문 제자와 세상의 주인 등 일체 대중은 중생세간衆生世間이 원만하였음을 나타낸 것이다.

세존은 범어로 박가범薄伽梵이라 하는데 불지론佛地論에서 여섯 가지 뜻을 포함하고 있다고 하였다. 첫째, 모든 번뇌에 영원히 얽매이지 않고 자유자재하다는 뜻[自在義]과, 둘째, 맹렬한 불꽃과 같은 지혜 광명이 활활 타오르고 있다는 치성하다는 뜻[熾盛義]과, 셋째, 서른두 가지 거룩한 상호를 지녀 단정하게 장엄하였다는 뜻[端嚴義]과, 넷째, 일체 수승한 공덕이 원만하여 세상에서 모르는 이가 없어서 소문이 널리 났다는 뜻[名稱義]과, 다섯째, 일체 세간 사람들이 친근하고 공양하면 복이 된다는 뜻[吉祥義]과, 여섯째, 일체 공덕을 갖추어서 항상 방편을 일으켜 세간을 이롭게 하고 일체 중생을 안락하게 하는 데 게으르지 않으므로 존귀하다는 뜻[尊貴義]이다.

실라벌국室羅筏國이란 번역하면 '들리다[聞者]'라고 하는 나라다. 이 나라에는 총명하고 박식하고 널리 통달한 사람이 많이 출현하여 소문이 널리 퍼진 나라라는 뜻이다.

서다림逝多林의 서다逝多는 범어인데 번역하면 전쟁에서 승리하였다는 전승戰勝이다. 실라벌국 태자의 이름이다. 소위 기타태자가 바로 그 사람인데 수달다須達多, 즉 급고독給孤獨장자와 기원정사를 건립한 사연은 불교사에서 사찰 건립으로는 가장 아름다운 이야기로 전해진다. 즉 급고독장자는 황금을 땅에 깔아서 그 땅을 사들이고, 기타태자는 나무를 보시하고, 사리불존자는 사찰 건립의 모든 책임을 맡아 기원정사를 건립하였는데, 세존은 그곳에서 24하夏의 안거를 지냈다고 한다. 불교의 수많은 경전이 이곳에서 설해졌다.

2) 보살 대중

(1) 상수上首보살

보현보살   문수사리보살   이위상수
普賢菩薩과 文殊師利菩薩이 而爲上首하시니라

보현普賢보살과 문수사리文殊師利보살이 상수上首가 되었습니다.

5백 명의 보살이 함께하였는데 그중에서 상수보살은 보현보살과 문수보살이다. 수많은 보살이 세존의 설법을 돕는 역할을 하지만 특히 보현보살과 문수보살이 가장 큰 역할을 하였으므로 상수보살이라 한다.

(2) 사위四位를 표한 보살

1〉 십회향위十廻向位를 표한 보살

기 명 왈 광 염 당 보 살　　수 미 당 보 살　　보 당 보
其名曰光焰幢菩薩과　須彌幢菩薩과　寶幢菩

살　무애당보살　　화당보살　　이구당보살　　일
薩과　無礙幢菩薩과　華幢菩薩과　離垢幢菩薩과　日

당보살　묘당보살　　이진당보살　　보광당보살
幢菩薩과　妙幢菩薩과　離塵幢菩薩과　普光幢菩薩과

그 이름은 광염당光焰幢보살과 수미당須彌幢보살과 보당寶幢보살과 무애당無礙幢보살과 화당華幢보살과 이구당

離垢幢보살과 일당日幢보살과 묘당妙幢보살과 이진당離塵幢보살과 보광당普光幢보살이었습니다.

보살 대중에 대해서 청량스님은 소疏에서 "41인으로 십주 등 사위四位를 함께 표한 것은, 1, 십당十幢보살은 십회향을 표하였으니 수행의 덕이 높이 빼어났기 때문이다. 2, 9명의 위력威力보살은 십행을 표하였으니 능히 진수進修하는 까닭이다. 3, 십장十藏보살은 십지를 표하였으니 그 뜻은 앞에서 해석한 것과 같다. 4, 십이안十二眼보살은 십해十解 즉 십주十住를 표하였으니 능히 법을 비추는 까닭이다. 십주, 십행, 십회향, 십지 등의 순서대로 하지 않은 까닭은 원융한 지위에 앞과 뒤가 없음을 표하고자 한 것이다."[2] 라고 하였다.

2〉 십행위十行位를 표한 보살

지위력보살   보위력보살   대위력보살
地威力菩薩과   **寶威力菩薩**과   **大威力菩薩**과

---

2) 四十一人通表住等四位者：一. 十幢表向 行德高出故. 二. 有九威力者表行 能進修故. 三. 十藏表地. 義如前釋. 四. 有十二眼者表解 能照法故. 所以不 次者 欲表圓融之位無前後故.

금강지위력보살　이진구위력보살　정법일
金剛智威力菩薩과 離塵垢威力菩薩과 正法日

위력보살　공덕산위력보살　지광영위력보
威力菩薩과 功德山威力菩薩과 智光影威力菩

살　보길상위력보살
薩과 普吉祥威力菩薩과

　지위력地威力보살과 보위력寶威力보살과 대위력大威力보
살과 금강지위력金剛智威力보살과 이진구위력離塵垢威力보살
과 정법일위력正法日威力보살과 공덕산위력功德山威力보살과
지광영위력智光影威力보살과 보길상위력普吉祥威力보살이었
습니다.

　3〉 십지위+地位를 표한 보살

　지장보살　허공장보살　연화장보살　보
地藏菩薩과 虛空藏菩薩과 蓮華藏菩薩과 寶

장보살　일장보살　정덕장보살　법인장보살
藏菩薩과 日藏菩薩과 淨德藏菩薩과 法印藏菩薩

　광명장보살　제장보살　연화덕장보살
과 光明藏菩薩과 臍藏菩薩과 蓮華德藏菩薩과

지장地藏보살과 허공장虛空藏보살과 연화장蓮華藏보살과
보장寶藏보살과 일장日藏보살과 정덕장淨德藏보살과 법인
장法印藏보살과 광명장光明藏보살과 제장臍藏보살과 연화덕
장蓮華德藏보살이었습니다.

4) 십해위十解位, 즉 십주위十住位를 표한 보살

선안보살　정안보살　이구안보살　무애안
善眼菩薩과　淨眼菩薩과　離垢眼菩薩과　無礙眼

보살　보견안보살　선관안보살　청련화안보
菩薩과　普見眼菩薩과　善觀眼菩薩과　青蓮華眼菩

살　금강안보살　보안보살　허공안보살　희
薩과　金剛眼菩薩과　寶眼菩薩과　虛空眼菩薩과　喜

안보살　보안보살
眼菩薩과　普眼菩薩과

선안善眼보살과 정안淨眼보살과 이구안離垢眼보살과 무
애안無礙眼보살과 보견안普見眼보살과 선관안善觀眼보살과
청련화안青蓮華眼보살과 금강안金剛眼보살과 보안寶眼보살
과 허공안虛空眼보살과 희안喜眼보살과 보안普眼보살이었
습니다.

(3) 십지위+地位를 따로 표한 보살

1〉 초지初地를 표한 보살

천관보살　보조법계지혜관보살　도량관
天冠菩薩과　**普照法界智慧冠菩薩**과　**道場冠**

보살　보조시방관보살　일체불장관보살　초
菩薩과　**普照十方冠菩薩**과　**一切佛藏冠菩薩**과　**超**

출일체세간관보살　보조관보살　불가괴관
出一切世間冠菩薩과　**普照冠菩薩**과　**不可壞冠**

보살　지일체여래사자좌관보살　보조법계
菩薩과　**持一切如來獅子座冠菩薩**과　**普照法界**

허공관보살
虛空冠菩薩과

천관天冠보살과 보조법계지혜관普照法界智慧冠보살과 도
량관道場冠보살과 보조시방관普照十方冠보살과 일체불장관
一切佛藏冠보살과 초출일체세간관超出一切世間冠보살과 보조
관普照冠보살과 불가괴관不可壞冠보살과 지일체여래사자
좌관持一切如來獅子座冠보살과 보조법계허공관普照法界虛空冠보
살이었습니다.

청량스님은 소에서 "뒤의 천관天冠보살 이하 십위+位의

1백인은 특별히 십지에 해당하는 십도+度, 즉 십바라밀을 표하였다."³⁾ 라고 하였다. 그러므로 초지를 표한 보살은 보시바라밀 수행을 뜻하고, 2지를 표한 보살은 지계바라밀 수행을 뜻하고, 3지를 표한 보살은 인욕바라밀 수행을 뜻하고, 4지를 표한 보살은 정진바라밀 수행을 뜻하고, 5지를 표한 보살은 선정바라밀 수행을 뜻하고, 6지를 표한 보살은 지혜바라밀 수행을 뜻하고, 7지를 표한 보살은 방편바라밀 수행을 뜻하고, 8지를 표한 보살은 서원바라밀 수행을 뜻하고, 9지를 표한 보살은 역ヵ바라밀 수행을 뜻하고, 10지를 표한 보살은 지智바라밀 수행을 뜻하였다.

2) 2지二地를 표한 보살

범 왕 계 보 살　　용 왕 계 보 살　　일 체 화 불 광 명 계
梵王髻菩薩과　龍王髻菩薩과　一切化佛光明髻

보 살　　도 량 계 보 살　　일 체 원 해 음 보 왕 계 보 살
菩薩과　道場髻菩薩과　一切願海音寶王髻菩薩과

---

3) 後【天冠】下十位百人, 別表十地十度.

일체불광명마니계보살   시현일체허공평등
一切佛光明摩尼髻菩薩과 示現一切虛空平等

상마니왕장엄계보살   시현일체여래신변마
相摩尼王莊嚴髻菩薩과 示現一切如來神變摩

니왕당망수부계보살   출일체불전법륜음계
尼王幢網垂覆髻菩薩과 出一切佛轉法輪音髻

보살   설삼세일체명자음계보살
菩薩과 說三世一切名字音髻菩薩과

범왕계梵王髻보살과 용왕계龍王髻보살과 일체화불광명
계一切化佛光明髻보살과 도량계道場髻보살과 일체원해음보왕
계一切願海音寶王髻보살과 일체불광명마니계一切佛光明摩尼髻보
살과 시현일체허공평등상마니왕장엄계示現一切虛空平等相摩
尼王莊嚴髻보살과 시현일체여래신변마니왕당망수부계示現一
切如來神變摩尼王幢網垂覆髻보살과 출일체불전법륜음계出一切佛轉
法輪音髻보살과 설삼세일체명자음계說三世一切名字音髻보살이
었습니다.

3〉 3지三地를 표한 보살

대광보살　이구광보살　보광보살　이진
大光菩薩과　**離垢光菩薩**과　**寶光菩薩**과　**離塵**

광보살　염광보살　법광보살　적정광보살
光菩薩과　**焰光菩薩**과　**法光菩薩**과　**寂靜光菩薩**과

일광보살　자재광보살　천광보살
日光菩薩과　**自在光菩薩**과　**天光菩薩**과

대광大光보살과 이구광離垢光보살과 보광寶光보살과 이
진광離塵光보살과 염광焰光보살과 법광法光보살과 적정광寂
靜光보살과　일광日光보살과 자재광自在光보살과 천광天光보
살이었습니다.

4〉 4지四地를 표한 보살

복덕당보살　지혜당보살　법당보살　신
福德幢菩薩과　**智慧幢菩薩**과　**法幢菩薩**과　**神**

통당보살　광당보살　화당보살　마니당보살
通幢菩薩과　**光幢菩薩**과　**華幢菩薩**과　**摩尼幢菩薩**

보리당보살　범당보살　보광당보살
과　**菩提幢菩薩**과　**梵幢菩薩**과　**普光幢菩薩**과

복덕당福德幢보살과 지혜당智慧幢보살과 법당法幢보살과 신통당神通幢보살과 광당光幢보살과 화당華幢보살과 마니당摩尼幢보살과 보리당菩提幢보살과 범당梵幢보살과 보광당普光幢보살이었습니다.

5〉 5지五地를 표한 보살

범음보살　　해음보살　　대지음보살　　세 주
梵音菩薩과 **海音菩薩**과 **大地音菩薩**과 **世主**

음보살　　산상격음보살　　변일체법계음보살
音菩薩과 **山相擊音菩薩**과 **徧一切法界音菩薩**과

진일체법해뇌음보살　　항마음보살　　대비방
震一切法海雷音菩薩과 **降魔音菩薩**과 **大悲方**

편운뢰음보살　　식일체세간고안위음보살
便雲雷音菩薩과 **息一切世間苦安慰音菩薩**과

범음梵音보살과 해음海音보살과 대지음大地音보살과 세주음世主音보살과 산상격음山相擊音보살과 변일체법계음徧一切法界音보살과 진일체법해뇌음震一切法海雷音보살과 항마음降魔音보살과 대비방편운뢰음大悲方便雲雷音보살과 식일체세간고안위음息一切世間苦安慰音보살이었습니다.

6) 6지六地를 표한 보살

법상보살　승상보살　지상보살　복덕수
法上菩薩과　**勝上菩薩**과　**智上菩薩**과　**福德須**

미상보살　공덕산호상보살　명칭상보살　보
彌上菩薩과　**功德珊瑚上菩薩**과　**名稱上菩薩**과　**普**

광상보살　대자상보살　지해상보살　불종상
光上菩薩과　**大慈上菩薩**과　**智海上菩薩**과　**佛種上**

보살
菩薩과

　법상法上보살과 승상勝上보살과 지상智上보살과 복덕수
미상福德須彌上보살과 공덕산호상功德珊瑚上보살과 명칭상名
稱上보살과 보광상普光上보살과 대자상大慈上보살과 지해상
智海上보살과 불종상佛種上보살이었습니다.

7) 7지七地를 표한 보살

광승보살　덕승보살　상승보살　보명승보
光勝菩薩과　**德勝菩薩**과　**上勝菩薩**과　**普明勝菩**

살　법승보살　월승보살　허공승보살　보승
薩과　**法勝菩薩**과　**月勝菩薩**과　**虛空勝菩薩**과　**寶勝**

보살   당승보살   지승보살
菩薩과 幢勝菩薩과 智勝菩薩과

　광승光勝보살과 덕승德勝보살과 상승上勝보살과 보명승
普明勝보살과 법승法勝보살과 월승月勝보살과 허공승虛空勝
보살과 보승寶勝보살과 당승幢勝보살과 지승智勝보살이었
습니다.

　8〉8지八地를 표한 보살

　사 라 자 재 왕 보 살   법 자 재 왕 보 살   상 자 재
　娑羅自在王菩薩과 法自在王菩薩과 象自在

왕 보 살   범 자 재 왕 보 살   산 자 재 왕 보 살   중 자
王菩薩과 梵自在王菩薩과 山自在王菩薩과 衆自

재 왕 보 살   속 질 자 재 왕 보 살   적 정 자 재 왕 보
在王菩薩과 速疾自在王菩薩과 寂靜自在王菩

살   부 동 자 재 왕 보 살   세 력 자 재 왕 보 살   최 승
薩과 不動自在王菩薩과 勢力自在王菩薩과 最勝

자 재 왕 보 살
自在王菩薩과

　사라자재왕娑羅自在王보살과 법자재왕法自在王보살과 상

자재왕象自在王보살과 범자재왕梵自在王보살과 산자재왕山自在王보살과 중자재왕衆自在王보살과 속질자재왕速疾自在王보살과 적정자재왕寂靜自在王보살과 부동자재왕不動自在王보살과 세력자재왕勢力自在王보살과 최승자재왕最勝自在王보살이 었습니다.

9〉 9지九地를 표한 보살

적정음보살   무애음보살   지진음보살   해
寂靜音菩薩과 無礙音菩薩과 地震音菩薩과 海

진음보살   운음보살   법광음보살   허공음보
震音菩薩과 雲音菩薩과 法光音菩薩과 虛空音菩

살   설일체중생선근음보살   시일체대원음보
薩과 說一切衆生善根音菩薩과 示一切大願音菩

살   도량음보살
薩과 道場音菩薩과

적정음寂靜音보살과 무애음無礙音보살과 지진음地震音보살과 해진음海震音보살과 운음雲音보살과 법광음法光音보살과 허공음虛空音보살과 설일체중생선근음說一切衆生善根音보살과 시일체대원음示一切大願音보살과 도량음道場音보살이었습니다.

10〉 10지+地를 표한 보살

수미광각보살　　허공각보살　　이염각보살
須彌光覺菩薩과 **虛空覺菩薩**과 **離染覺菩薩**과

무애각보살　　선각보살　　보조삼세각보살　　광
無礙覺菩薩과 **善覺菩薩**과 **普照三世覺菩薩**과 **廣**

대각보살　　보명각보살　　법계광명각보살　　여
大覺菩薩과 **普明覺菩薩**과 **法界光明覺菩薩**인 **如**

시등보살마하살오백인　　　구
是等菩薩摩訶薩五百人으로 **俱**하시니라

수미광각須彌光覺보살과 허공각虛空覺보살과 이염각離染

覺보살과 무애각無礙覺보살과 선각善覺보살과 보조삼세각普

照三世覺보살과 광대각廣大覺보살과 보명각普明覺보살과 법

계광명각法界光明覺보살이니, 이와 같은 보살마하살 5백

사람과 함께 계시었습니다.

(4) 보살의 덕을 열 가지로 찬탄하다

차 제 보 살　개 실 성 취 보 현 행 원
此諸菩薩이 **皆悉成就普賢行願**이라

이 모든 보살이 다 보현의 행과 원을 성취하였습니다.

보살마하살 5백 명이 자리를 함께하였는데 그들에게 어떤 덕행이 있고 어떤 수행이 있는지를 밝히는 부분이다. 열한 구절로써 표하는데 첫째는 총체적인 표현으로 '모두 다보현보살의 행과 원을 성취하였다.'라는 한마디로 대신하고 있다. 실로 불교의 모든 수행과 덕행은 이 한마디로 충분하다. 아무리 훌륭한 보살행을 말하더라도 보현보살의 행원을 지나갈 수는 없기 때문이다. 그래서 일체 보살행의 대표가 보현행원이며 일체 보살의 대표가 보현보살이다.

경 계 무 애　보 변 일 체 제 불 찰 고
境界無礙하니 **普徧一切諸佛刹故**며

경계가 걸림 없으니, 일체 모든 부처님의 세계에 두루 하기 때문입니다.

개별적인 내용으로 낱낱이 열 가지를 설하지만 역시 보현행원에 다 포함되는 내용이다. 보살들의 경계는 일체 모든 부처님의 세계에 두루 하여 어디든 걸려서 이르지 못하는 데가 없다.

현신 무량　　친 근 일 체 제 여 래 고
現身無量하니 **親近一切諸如來故**며

몸을 나타냄이 한량없으니, 일체 모든 여래에게 친근하기 때문입니다.

보살들은 일체 모든 부처님을 친근하기 때문에 그 몸을 나타내는 것이 한량이 없다. 부처님만 부처님이 아니라 일체 사람 일체 생명이 부처님 아님이 없다. 보살들은 그 모든 부처님 앞에 몸을 다 나타낸다.

정 안 무 장　　견 일 체 불 신 변 사 고
淨眼無障하니 **見一切佛神變事故**며

청정한 눈이 장애가 없으니, 모든 부처님의 신통변화하는 일을 보기 때문입니다.

또 보살들은 모든 부처님의 신통변화의 일을 청정한 눈으로 장애 없이 다 본다.

至處無限하니 一切如來의 成正覺所에 恒普詣
지처무한   일체여래   성정각소   항보예
고
故며

이르는 곳이 제한이 없으니, 모든 여래의 바른 깨달음을 이루는 곳에 항상 나아가기 때문입니다.

여래가 정각을 이룬 곳이라면 언제든지 어느 곳이든지 보살들은 함께한다. 그래서 대승경전에는 법을 듣는 대중을 소개하는데 반드시 항상 따라다니는 상수대중常隨大衆과 다른 곳으로부터 모여 온 내집대중來集大衆이 있다.

광명무제　　　이지혜광　　　보조일체실법해
光明無際하니 **以智慧光**으로 **普照一切實法海**
고
故며

광명이 끝이 없으니, 지혜의 빛으로 모든 실상의 법
바다를 두루 비추기 때문입니다.

모든 보살은 깨달음이 원만하여 지혜의 광명이 끝이 없
다. 그래서 일체 실상의 법을 널리 비춘다.

설법무진　　　청정변재　　　무변제겁　　　무궁진
說法無盡하니 **淸淨辯才**가 **無邊際劫**에 **無窮盡**
고
故며

법문을 설함이 다함이 없으니, 청정한 변재가 끝이
없는 겁에 다함이 없기 때문입니다.

보살들은 뛰어난 변재가 끝이 없어서 그 설법이 다함이

없다. 이 화엄경의 설법도 보살들이 부처님의 경지를 설한 것이다. 또 경전을 결집할 때 결집한 사람, 즉 경가經家의 설이 상당한 부분을 차지하는데 아난존자가 대승보살로서 경가의 역할을 한 것으로 되어 있다. 이 입법계품도 서두에서부터 지금까지 경가의 설명이 계속되고 있다.

등 허 공 계　　지 혜 소 행　　실 청 정 고
等虛空界하니 **智慧所行**이 **悉淸淨故**며

허공계와 같으니, 지혜로 행하는 바가 모두 청정하기 때문입니다.

보살들은 허공과 같이 툭 트인 지혜로 모르는 바가 없고 행하지 못하는 바가 없다.

무 소 의 지　　수 중 생 심　　현 색 신 고
無所依止하니 **隨衆生心**하야 **現色身故**며

의지하는 데가 없으니, 중생의 마음을 따라 육신을

나타내기 때문입니다.

보살들은 어떤 장소나 어떤 모습이나 고정되게 매인 곳이
없다. 다만 중생의 마음을 따라 그 모습을 나타낼 뿐이다.

제 멸 치 예　　요 중 생 계　　무 중 생 고
除滅癡翳하니 **了衆生界**가 **無衆生故**며

어리석은 눈병을 제멸하였으니, 중생계에 중생이 없
음을 알기 때문입니다.

보살들이 중생을 보는 안목은 중생이 중생이 아니라 곧
참사람이며, 참마음이며, 부처님이다. 그러나 어리석은 사람
들은 중생을 중생으로만 본다.

등 허 공 지　　이 대 광 망　　조 법 계 고
等虛空智하니 **以大光網**으로 **照法界故**니라

허공과 같은 지혜이니, 큰 광명 그물로 법계를 비추

기 때문입니다.

보살들의 지혜는 텅 비어 드넓어 허공과 같다. 그 지혜 광명으로 온 법계를 두루 비춘다. 그래서 텅 빈 지혜 광명으로 법계에 들어가는 것[入法界]이다.

3) 성문 대중의 덕을 열 가지로 찬탄하다

급 여 오 백 성 문 중　　구　　실 각 진 제　　개
及與五百聲聞衆으로 **俱**하시니 **悉覺眞諦**하며 **皆**

증 실 제
證實際하며

그리고 5백 명의 성문 대중과 함께 있었으니, 모두 다 참이치[眞諦]를 깨달았고 진실한 경계[實際]를 증득하였습니다.

보살 대중 다음으로 부처님 앞에 출가하여 부처님의 설법하시는 소리를 듣고 참이치[眞諦]를 깨달았고 진실한 경계

[實際]를 증득한 이들이다. 그래서 열반의 경지에 머물러 편안함을 누리지만 자비행을 실천하거나 이타행을 실천한다는 등의 설명은 보이지 않는다.

심 입 법 성　　영 출 유 해
深入法性하며 **永出有海**하며

법의 성품에 깊이 들어가 영원히 있음의 바다에서 벗어났습니다.

진리의 본성품, 즉 법성에 깊이 들어갔기 때문에 현실적인 일체 존재와 생사의 바다에서는 영원히 벗어나 있다. 법성에 깊이 들어갔으나 중생들이 사는 현실 세계를 떠나지 않고 생사고락을 같이한다는 설명은 보이지 않는다.

의 불 공 덕　　이 결 사 박
依佛功德하며 **離結使縛**하며

부처님의 공덕을 의지하여 얽매임과 부림을 당함과

속박[結使縛]을 떠났습니다.

부처님의 가르침을 따라 자신들의 고뇌를 소멸하는 방법을 터득하여 번뇌라는 번뇌는 다 떠났다.

얽매임은 결結이라 하는데 결박한다는 뜻이다. 몸과 마음을 결박하여 자유를 얻지 못하게 하는 번뇌이다. 여기에 3결·5결·9결의 구별이 있다.

또 부림을 당함에 사使라 하는데 팔십팔사八十八使가 있다. 부린다[驅使]는 뜻이다. 번뇌의 다른 이름이다. 3계에 일어나는 견혹見惑을 세밀하게 구별한 것이다. 욕계의 고제苦諦 아래 신견身見·변견邊見·계금취견戒禁取見·견취견見取見·사견邪見·탐貪·진瞋·치癡·만慢·의疑의 10사使가 있고, 집제集諦·멸제滅諦의 아래에 각각 신견·변견·계금취견의 셋을 제한 나머지 7사와, 도제道諦에 신견·변견을 제외한 8사가 있어 합하면 32사가 되고, 또 색계와 무색계의 4제에는 욕계 4제의 각 사에서 진사瞋使를 제한 나머지 28사가 있으므로 모두 합하여 88사가 된다.

속박의 박縛은 속박·계박繫縛·연속 따위의 뜻이 있다.

번뇌의 딴 이름이다. 번뇌가 사람을 속박하여 자유자재하지 못하게 하며, 3계﹪에 계박하고 연속하여 열반을 얻지 못하게 하므로 이렇게 이름한다.

주 무 애 처　기 심 적 정　유 여 허 공
住無礙處하며 **其心寂靜**이 **猶如虛空**하며

걸림 없는 곳에 머물러 그 마음이 고요하기가 허공과 같았습니다.

자신의 안락과 편안함을 누리는 데는 소승성문과 같은 이들이 없다. 하늘이 무너지고 땅이 꺼지는 듯 중생들이 극심한 고통에 시달리더라도 그들의 마음은 적정하여 허공처럼 텅 비어 있다.

어 제 불 소　영 단 의 혹　어 불 지 해　심 신 취
於諸佛所에 **永斷疑惑**하며 **於佛智海**에 **深信趣**

입
入하니라

부처님의 처소에서 의혹을 아주 끊고 부처님의 지혜
바다에 깊은 믿음으로 들어갔습니다.

　　부처님을 따라다니며 자신을 보호하고 지키는 데는 철
저하다. 조금의 의혹도 없다. 그러나 부처님의 지혜 바다에
깊이 믿고 들어가지만 그 지혜가 자비의 실천행으로 나타나
지는 않는다. 지혜는 반드시 자비의 보살행과 다른 이를 이
롭게 하는 이타행으로 드러나야 한다. 아무리 작은 일이라
도 다른 이를 위하고 다른 이에게 보탬이 되는 일을 하는 사
람은 보살이요, 그렇지 못한 사람은 소승성문이다. 그러나
그들도 5백 명이나 이 화엄회상에 동참하였으니 얼마나 반
가운 일인가.

4) 세간주인 대중의 덕을 열 가지로 찬탄하다

　급 여 무 량 제 세 주　　　구　　　실 증 공 양 무 량 제
及與無量諸世主로 **俱**하시니 **悉曾供養無量諸**

불　　상 능 이 익 일 체 중 생
佛하며 **常能利益一切衆生**하며

　그리고 한량없는 세간주인世間主人들과 함께하였으니,
다 일찍이 한량없는 부처님을 공양하고 항상 일체 중생
을 이익하게 하였습니다.

　다음은 세간주인 대중의 덕을 열 가지로 찬탄하는 내용
이다. 요즘 같으면 민중이 곧 주인이라고 하여 민주화운동
을 높이 부르짖지만 예전에는 한 나라의 임금이나 천자들을
일컬어 세간의 주인이라고 하였다. 그들은 일찍이 한량없는
부처님께 공양하고 항상 일체 중생을 이익하게 하였다. 임금
이며 왕이므로 백성의 안위를 보살펴야 하는 의무가 있기도
하지만 불법을 믿는 이들로서는 당연히 해야 하는 일이다.

위 불 청 우　　　항 근 수 호　　　서 원 불 사
爲不請友하며 **恒勤守護**하며 **誓願不捨**하며

　청하지 않은 벗이 되어 항상 부지런히 수호하며 서
원을 버리지 않았습니다.

한 나라의 왕은 반드시 보살이어야 한다. 보살은 누가 요청을 하기 전에 청하지 않은 벗이 되어 항상 부지런히 중생을 수호하며, 중생을 수호하는 서원을 버리지 않고 영원히 하여야 한다.

入於世間殊勝智門하며 從佛敎生하야 護佛正法하며

세간의 수승한 지혜의 문에 들어갔으며, 부처님의 가르침으로부터 태어나서 부처님의 정법을 보호하였습니다.

보살로서의 왕은 반드시 세간을 잘 아는 수승한 지혜가 있어야 한다. 역사적으로 지혜가 없어서 불쌍한 백성을 도탄에 빠뜨린 왕이 얼마나 많던가. 그리고 비록 왕의 자손으로 태어났더라도 부처님의 가르침에 의하여 다시 태어나야 한다. 인도 마가다국 마우리아 왕조의 제3대 왕인 아소카왕은 인도 최초의 통일 왕국을 세워서 불법을 보호하고 적극적으로 포교한 이상적인 왕이었다. 그는 실로 부처님의 가르침에 의하여 다시 태어난 세간의 주인이다.

기 어 대 원　　부 단 불 종　　생 여 래 가　　구 일
起於大願하야 **不斷佛種**하며 **生如來家**하며 **求一**

체 지
切智하나라

큰 서원을 일으켜서 부처님의 종자를 끊지 않으려고 여래의 가문에 태어나서 일체 지혜를 구하였습니다.

한 나라의 왕으로서 큰 서원을 일으켜 부처님의 종자가 끊어지지 않고 세상에 영원히 계속되게 한다. 그렇게 하려면 여래의 집에 태어나서 여래의 대를 잇는 보살이 되어 일체 지혜를 구하고 그와 같은 일을 무수한 백성들에게까지 가르치고 장려해야 한다.

2. 법을 청하다

1) 대중들이 부처님의 덕이 불가사의함을 생각하다

시　　제보살　　대덕성문　　세간제왕　　병기권
時에 **諸菩薩**과 **大德聲聞**과 **世間諸王**과 **幷其眷**

속　함작시념　　여래경계　　여래지행　　여래
屬이 **咸作是念**호대 **如來境界**와 **如來智行**과 **如來**

가지　여래력　여래무외　여래삼매　여래소
加持와 **如來力**과 **如來無畏**와 **如來三昧**와 **如來所**

주　여래자재　여래신　여래지
住와 **如來自在**와 **如來身**과 **如來智**를

이때에 모든 보살과 대덕성문과 세간의 모든 임금과
아울러 그 권속들이 모두 이렇게 생각하였습니다. '여
래의 경계와, 여래의 지혜의 행과, 여래의 가지加持와,
여래의 힘과, 여래의 두려움 없음과, 여래의 삼매와, 여

래의 머무르심과, 여래의 자재하심과, 여래의 몸과, 여
래의 지혜는

일체 세간   제 천 급 인   무 능 통 달   무 능 취
一切世間의 諸天及人이 無能通達하며 無能趣

입   무 능 신 해   무 능 요 지   무 능 인 수   무
入하며 無能信解하며 無能了知하며 無能忍受하며 無

능 관 찰   무 능 간 택   무 능 개 시   무 능 선 명
能觀察하며 無能揀擇하며 無能開示하며 無能宣明

       무 유 능 령 중 생 해 료
하며 無有能令衆生解了요

　　일체 세간의 모든 천신과 사람들이 능히 통달하지
못하며, 능히 들어가지 못하며, 능히 믿고 이해하지 못
하며, 능히 분명하게 알지 못하며, 능히 참고 받아들이
지 못하며, 능히 살펴보지 못하며, 능히 가려내지 못하
며, 능히 열어 보이지 못하며, 능히 펴서 밝히지 못하
며, 능히 중생들로 하여금 알게 하지 못하느니라.

유제제불가피지력　　불신통력　　불위덕력
唯除諸佛加被之力과 佛神通力과 佛威德力과

불본원력　　급기숙세선근지력　　제선지식섭수
佛本願力과 及其宿世善根之力과 諸善知識攝受

지력　　심정신력　　대명해력　　취향보리청정심
之力과 深淨信力과 大明解力과 趣向菩提淸淨心

력　　구일체지광대원력
力과 求一切智廣大願力이니라

　　오직 모든 부처님의 가피하신 힘과, 부처님의 신통
하신 힘과, 부처님의 위덕威德의 힘과, 부처님의 본래 원
하신 힘과, 그리고 그 지난 세상의 착한 뿌리의 힘과,
모든 선지식의 거두어 주는 힘과, 깊고 깨끗하게 믿는
힘과, 크고 밝게 아는 힘과, 보리로 나아가는 청정한 마
음의 힘과, 일체 지혜를 구하는 광대한 서원의 힘은 제
외될 것이니라.'

　　모든 보살과 대덕성문과 세간의 모든 임금과 아울러 그
권속들이 부처님 덕의 불가사의함을 생각하는 그 생각은 계
속해서 이어진다. 여기까지를 간략하게 정리하면 "여래의 경

계와 여래의 지혜의 행과 여래의 가지加持 등은 일체 세간의
모든 천신과 사람들이 능히 통달하지 못하며 능히 들어가지
못하며 능히 믿고 이해하지 못하지만, 오직 모든 부처님의
가피하신 힘과 부처님의 신통하신 힘과 부처님의 위덕威德
의 힘이 있는 이들은 알 수 있을 것이다."라고 할 수 있을
것이다.

2) 청하는 법의 내용

유원세존   수순아등   급제중생   종종욕
唯願世尊은 **隨順我等**과 **及諸衆生**의 **種種欲**과

종종해   종종지   종종어   종종자재   종종주
種種解와 **種種智**와 **種種語**와 **種種自在**와 **種種住**

지   종종근청정   종종의방편   종종심경계
地와 **種種根淸淨**과 **種種意方便**과 **種種心境界**와

종종의지여래공덕   종종청수제소설법
種種依止如來功德과 **種種聽受諸所說法**하사

'오직 바라건대 세존께서는 우리들과 그리고 모든

중생의 갖가지 욕망과, 갖가지 이해와, 갖가지 지혜와, 갖가지 말과, 갖가지 자유자재함과, 갖가지 머무는 처지와, 갖가지 근根의 청정함과, 갖가지 뜻의 방편과, 갖가지 마음의 경계와, 갖가지 여래의 공덕을 의지함과, 갖가지 말씀하신 모든 법을 들음을 따라서,

顯示如來의 往昔趣求一切智心과 往昔所起

菩薩大願과 往昔所淨諸波羅蜜과 往昔所入菩

薩諸地와 往昔圓滿諸菩薩行과 往昔成就方便과

往昔修行諸道와 往昔所得出離法과

여래께서 예전에 온갖 지혜를 구하시던 마음과, 예전에 일으키신 보살의 큰 서원과, 예전에 깨끗하게 하신 바라밀다와, 예전에 들어가신 보살의 모든 지위와, 예전에 원만하신 모든 보살의 수행과, 예전에 성취하신 방편과, 예전에 닦으신 모든 도와, 예전에 얻으신 벗어

나는 법과,

往昔所作神通事와 往昔所有本事因緣과 及
왕석소작신통사 왕석소유본사인연 급

成等正覺과 轉妙法輪과 淨佛國土와 調伏衆生과
성등정각 전묘법륜 정불국토 조복중생

開一切智法城과 示一切衆生道와 入一切衆生所
개일체지법성 시일체중생도 입일체중생소

住와 受一切衆生所施와 爲一切衆生說布施功
주 수일체중생소시 위일체중생설보시공

德과 爲一切衆生現諸佛影像하사 如是等法을 願
덕 위일체중생현제불영상 여시등법 원

皆爲說하소서
개위설

　예전에 지으신 신통한 일과, 예전에 행하신 전생의
일[本事] 인연과, 아울러 등정각을 이룸과, 묘한 법륜을
굴림과, 부처님의 국토를 청정하게 함과, 중생을 조복
함과, 일체 지혜의 법성法城을 엶과, 일체 중생의 길을
보임과, 일체 중생의 머무는 데 들어감과, 일체 중생의

보시를 받음과, 일체 중생에게 보시의 공덕을 설함과, 일체 중생에게 모든 부처님의 영상을 나타내 보이시던 이와 같은 법들을 원컨대 말씀하여 주소서.'

저 앞에서 모든 보살과 대덕성문과 세간의 모든 임금과 아울러 그 권속들이 부처님 덕의 불가사의함을 생각하였고, 따라서 여러 가지 법을 설해 주실 것을 또 생각으로 원하는 내용이다. 법을 청하는 대중들이 어쩌면 부처님의 일에 대해서 그렇게도 자세하게 알고 있는지. 만약 법을 듣고자 하는 청법 대중의 수준이 이와 같다면 법을 설하는 여래께서도 실로 마음이 환희하실 것이다.

3. 삼매三昧에 들다

1) 사자빈신삼매獅子頻伸三昧에 들다

이시   세존   지제보살심지소념   대비
爾時에 **世尊**이 **知諸菩薩心之所念**하시고 **大悲**

위신   대비위문   대비위수   이대비
爲身하시며 **大悲爲門**하시며 **大悲爲首**하시며 **以大悲**

법   이위방편   충변허공   입사자빈신삼
法으로 **而爲方便**하사 **充徧虛空**하사 **入獅子頻伸三**

매
昧하시니라

　그때에 세존께서 모든 보살의 마음에 생각함을 아시
고 크게 어여삐 여김으로 몸이 되고, 크게 어여삐 여김
으로 문이 되고, 크게 어여삐 여김으로 머리가 되고, 크
게 어여삐 여기는 법으로 방편을 삼아 허공에 충만하여

사자의 기운 뻗는 삼매[獅子頻伸三昧]에 드시었습니다.

세존께서 들어가신 사자의 기운 뻗는 삼매[獅子頻伸三昧]는 사자와 같은 위엄을 가진 삼매이다. 사자가 기운을 뻗을 때는 세상의 어떤 동물도 그 기세에 눌려서 어찌할 바를 모르고 사자 앞에 항복하고 머리를 조아린다. 세존이 앞에서 열거한 그와 같은 보살과 여러 대중의 법을 청하는 마음을 알고 크게 어여삐 여기고 불쌍히 여겨서 그와 같은 삼매에 드신 것이다.

2) 누각이 홀연히 변하여 가지가지로 장엄되다

입 차 삼 매 이　　일 체 세 간　　보 개 엄 정　　　어 시
入此三昧已에 **一切世間**이 **普皆嚴淨**하니 **於時**

차 대 장 엄 누 각　　홀 연 광 박　　　무 유 변 제
에 **此大莊嚴樓閣**이 **忽然廣博**하야 **無有邊際**하며

이 삼매에 드시고 나니 모든 세간이 모두 다 깨끗하게 장엄하여지고, 그때에 이 크게 장엄한 누각이 별안

간에 크게 넓어져서 끝닿은 데가 없었습니다.

금강위지   보왕부상   무량보화   급제
金剛爲地하고 **寶王覆上**하며 **無量寶華**와 **及諸**

마니   보산기중   처처영만   유리위주   중
摩尼로 **普散其中**하야 **處處盈滿**하며 **瑠璃爲柱**에 **衆**

보합성   대광마니지소장엄
寶合成하야 **大光摩尼之所莊嚴**이며

금강으로 땅이 되고, 보배왕으로 위를 덮고, 한량없
는 보배 꽃과 모든 마니보배를 그 가운데 널리 흩어서
곳곳에 가득하였으며, 유리로 기둥이 되었는데 여러 가
지 보배가 합하여 되었으며, 크게 빛나는 마니로 장엄
하였습니다.

화엄경 서두에 부처님이 정각을 이루고 나니 금강으로 땅
이 되고 온갖 누각과 사자좌와 궁전 등의 장엄이 헤아릴 수
없이 아름답고 화려하게 되었다고 하였다. 여기에서는 세존
이 삼매에 드시고 나니 누각이 이와 같이 홀연히 변하여 가

지가지로 장엄되었다.

염부단금   여의보왕   주치기상   이위
閻浮檀金과 如意寶王으로 周置其上하야 以爲

엄식   위루형대   각도방출   동우상승
嚴飾하며 危樓逈帶하고 閣道傍出하며 棟宇相承하고

창달교영   계지헌함   종종비족
窓闥交映하며 階墀軒檻이 種種備足하야

염부단금과 여의보배를 그 위에 얹어서 장엄하게 꾸
몄으며, 솟은 누각이 높이 어울리고, 구름다리가 곁으
로 뻗었으며, 추녀와 지붕이 마주 닿았고, 창문들이 서
로 향하였으며, 섬돌과 축대와 마루들이 모두 구비되었
습니다.

일체개이묘보장엄   기보   실작인천형상
一切皆以妙寶莊嚴하니 其寶가 悉作人天形象

견고묘호   세중제일
하야 堅固妙好가 世中第一이라

모든 것을 다 진기한 보배로 장식하였는데, 그 보배들은 모두 하늘이나 사람의 형상으로 되었으며 튼튼하고 훌륭하고 기묘하기가 세상에 제일이었습니다.

마니보망　　미부기상　　어제문측　　실건
摩尼寶網으로 彌覆其上하며 於諸門側에 悉建

당번　　함방광명　　보주법계　　도량지외
幢幡하니 咸放光明하야 普周法界하며 道場之外에

계등난순　기수무량　　불가칭설　　미불함이
階鄧欄楯이 其數無量하야 不可稱說이나 靡不咸以

마니소성
摩尼所成이러라

마니보배로 그물이 되어 그 위에 덮이었고, 모든 문마다 당기幢旗와 번기幡旗를 세웠는데 모두 광명을 놓아 법계와 도량 밖에 두루 하였고, 층층대와 난간들은 그 수가 한량이 없어 이루 말할 수 없는데 모두 마니보배로 되지 않은 것이 없었습니다.

깨달음의 안목과 사자빈신삼매에 든 안목으로 바라본

누각의 모습이다. 세상이 아무리 아름답다 한들 아름다운
세상을 아름답게 볼 줄 아는 안목이 없다면 세상이 어찌 아
름답겠는가.

3) 서다림이 홀연히 넓어지고 갖가지 보배로 장엄되다

이시   부이불신력고   기서다림   홀연광박
爾時에 **復以佛神力故**로 **其逝多林**이 **忽然廣博**

여불가설불찰미진수제불국토   기량정등
하야 **與不可說佛刹微塵數諸佛國土**로 **其量正等**

일체묘보   간착장엄
하며 **一切妙寶**로 **間錯莊嚴**하며

그때에 또한 부처님의 신통으로 서다림이 홀연히 커
져서 말할 수 없는 부처님 세계의 작은 먼지 수같이 많
은 국토들과 그 면적이 같았는데 일체 묘한 보배들이
사이사이를 장엄하였습니다.

누각의 장엄에서 다시 서다림 동산으로 눈을 돌려 보니

서다림의 크기가 이루 말할 수 없이 커졌고, 온갖 아름다운 보배들이 사이사이를 장엄하였다. 이 또한 깨달음의 안목과 삼매의 안목으로 보는 바다.

불가설보　변포기지　아승지보　이위원
不可說寶로 徧布其地하며 阿僧祇寶로 以爲垣

장　보다라수　장엄도측　기간　부유무량
牆하며 寶多羅樹로 莊嚴道側하고 其間에 復有無量

향하　향수영만　단격회복
香河가 香水盈滿하야 湍激洄澓하며

　말할 수 없는 보배가 그 땅에 깔렸으며, 아승지 보배로 담장이 되고, 보배 다라수나무가 길 좌우로 장엄하였으며, 그 사이에는 한량없는 향기 강물이 있는데 향수가 가득하여 출렁거리고 소용돌이쳤습니다.

일체보화　수류우전　자연연출불법음성
一切寶華가 隨流右轉하야 自然演出佛法音聲

하며 不思議寶인 芬陀利華가 菡萏芬敷하야 彌布水
上하며 衆寶華樹를 列植其岸하며

온갖 보배로 된 꽃이 물결을 따라 오른쪽으로 돌면
서 저절로 불법의 음성을 내고, 부사의 보배로 된 흰 연
꽃은 봉오리와 활짝 핀 것들이 물 위에 가득히 퍼졌는
데, 온갖 보배 꽃나무가 언덕에 줄지어 섰습니다.

種種臺榭의 不可思議가 皆於岸上에 次第行
列하야 摩尼寶網之所彌覆며 阿僧祇寶가 放大光
明하며 阿僧祇寶로 莊嚴其地하며 燒衆妙香하야 香
氣氛氳하니라

가지가지 정자들은 헤아릴 수 없이 언덕 위에 차례
로 나열하여 있고, 마니그물로써 덮었습니다. 아승지 보

배가 큰 광명을 놓고, 아승지 보배로 그 땅을 장엄하였으며, 여러 가지 아름다운 향을 사르니 향기가 자욱하게 진동하였습니다.

4) 보배 깃대로 장엄하다

復建無量種種寶幢하니 所謂寶香幢과 寶衣幢

과 寶幡幢과 寶繒幢과 寶華幢과 寶瓔珞幢과 寶鬘

幢과 寶鈴幢과 摩尼寶蓋幢과 大摩尼寶幢과

다시 한량없는 가지가지 보배 당기幢旗를 세웠으니, 이른바 보배 향 당기와, 보배 옷 당기와, 보배 번 당기와, 보배 비단 당기와, 보배 꽃 당기와, 보배 영락 당기와, 보배 화만 당기와, 보배 방울 당기와, 마니보배 일산 당기와, 큰 마니보배 당기와,

광 명 변 조 마 니 보 당　　출 일 체 여 래 명 호 음 성
光明徧照摩尼寶幢과 出一切如來名號音聲

마 니 왕 당　　사 자 마 니 왕 당　　설 일 체 여 래 본 사
摩尼王幢과 獅子摩尼王幢과 說一切如來本事

해 마 니 왕 당　　현 일 체 법 계 영 상 마 니 왕 당　　주 변
海摩尼王幢과 現一切法界影像摩尼王幢이 周徧

시 방　　　항 렬 장 엄
十方하야 行列莊嚴이러라

　광명이 두루 비치는 마니보배 당기와, 모든 여래의
이름과 음성을 내는 마니왕 당기와, 사자 마니왕 당기
와, 모든 여래의 본생 일을 말하는 바다 마니왕 당기와,
일체 법계의 영상을 나타내는 마니왕 당기가 시방에 두
루 하여 열을 지어 장엄하였습니다.

5) 서다림 상공에 구름이 펼쳐지다

시　　서 다 림 상 허 공 지 중　　유 부 사 의 천 궁 전 운
時에 逝多林上虛空之中에 有不思議天宮殿雲

무수향수운   불가설수미산운   불가설기악
과 無數香樹雲과 不可說須彌山雲과 不可說伎樂

운   출미묘음   가찬여래
雲이 出美妙音하야 歌讚如來하며

그때에 서다림 위의 허공에는 부사의한 하늘궁전 구
름과, 수없는 향나무 구름과, 말할 수 없는 수미산 구름
과, 말할 수 없는 풍류놀이 구름이 미묘한 음성을 내어
여래를 찬탄하였습니다.

불가설보련화운   불가설보좌운   부이천
不可說寶蓮華雲과 不可說寶座雲에 敷以天

의   보살   좌상   탄불공덕
衣어든 菩薩이 坐上하야 歎佛功德하며

말할 수 없는 보배 연꽃 구름과 말할 수 없는 보배
자리 구름에 하늘 옷을 깔고 보살이 위에 앉아 부처님
의 공덕을 찬탄하였습니다.

불가설제천왕형상마니보운　　불가설백진
不可說諸天王形像摩尼寶雲과 **不可說白眞**

주운　　불가설적주누각장엄구운　　불가설우
珠雲과 **不可說赤珠樓閣莊嚴具雲**과 **不可說雨**

금강견고주운　개주허공　　주잡변만　　이위
金剛堅固珠雲이 **皆住虛空**하야 **周帀徧滿**하야 **以爲**

엄식
嚴飾하니라

　말할 수 없는 천왕의 형상으로 된 마니보배 구름과,
말할 수 없는 백진주 구름과, 말할 수 없는 적진주 누각
장엄거리 구름과, 말할 수 없는 금강을 비 내리는 견고
한 진주 구름이 허공에 가득하게 퍼져 있어 훌륭하게
장식하였습니다.

　이와 같은 모든 장엄은 세존의 깨달음과 삼매의 안목으
로 보는 청정 국토이다. 모든 사람이 이미 이와 같은 아름
다운 장엄 가운데 살고 있건만 장엄 가운데 살고 있다는 깨
달음과 삼매의 안목이 없어서 보지 못하고 느끼지 못할 뿐
이다.

6) 장엄하게 된 까닭을 밝히다

하이고　　여래선근　부사의고　　여래백법
何以故오 如來善根이 不思議故며 如來白法이

부사의고　　여래위력　부사의고　여래　　능이
不思議故며 如來威力이 不思議故며 如來가 能以

일신　　　자재변화　　변일체세계　부사의고
一身으로 自在變化하야 徧一切世界가 不思議故며

왜냐하면 여래의 착한 뿌리가 부사의한 까닭이며, 여
래의 선한 법이 부사의한 까닭이며, 여래의 위엄과 힘
이 부사의한 까닭이며, 여래가 능히 한 몸으로 자재하
게 변화하여 일체 세계에 두루 하는 것이 부사의한 까
닭입니다.

여래가 삼매에 들고 나자 누각이 홀연히 변하여 가지가
지로 장엄하게 된 것과 서다림逝多林이 홀연히 넓어지고 갖가
지 보배로 장엄하게 된 것과 보배 깃대로 장엄하게 된 것과
서다림 상공에 구름이 펼쳐지게 된 것 등은 어찌하여 그와
같이 되었는가. 여래의 선근과 여래의 선한 법과 여래의 위력

등이 모두 불가사의하기 때문이라는 것을 밝혔다.

여래　능이신력　영일체불　급불국장엄
如來가 能以神力으로 令一切佛과 及佛國莊嚴

　개입기신　부사의고　여래　능어일미진
으로 皆入其身이 不思議故며 如來가 能於一微塵

내　보현일체법계영상　부사의고
內에 普現一切法界影像이 不思議故며

　여래가 능히 신통한 힘으로써 모든 부처님과 부처님
국토의 장엄으로 하여금 그 몸에 들어오게 함이 부사의
한 까닭이며, 여래가 한 작은 먼지 속에 일체 법계의 영
상을 널리 나타냄이 부사의한 까닭입니다.

여래　능어일모공중　시현과거일체제불
如來가 能於一毛孔中에 示現過去一切諸佛이

부사의고　여래　수방일일광명　실능변조
不思議故며 如來가 隨放一一光明하야 悉能徧照

일 체 세 계　　부 사 의 고
一切世界가 不思議故며

여래가 한 모공 속에 과거의 일체 모든 부처님을 나타냄이 부사의한 까닭이며, 여래가 낱낱 광명을 놓는 대로 능히 모든 세계를 두루 비춤이 부사의한 까닭입니다.

　여 래　　능 어 일 모 공 중　　출 일 체 불 찰 미 진 수
如來가 能於一毛孔中에 出一切佛刹微塵數

변 화 운　　충 만 일 체 제 불 국 토　　부 사 의 고
變化雲하야 充滿一切諸佛國土가 不思議故며

여래가 능히 한 모공에서 모든 세계의 작은 먼지 수같이 변화하는 구름을 내어 일체 모든 부처님 국토에 가득함이 부사의한 까닭입니다.

　여 래　　능 어 일 모 공 중　　보 현 일 체 시 방 세 계 성
如來가 能於一毛孔中에 普現一切十方世界成

주 괴 겁   부 사 의 고
住壞劫이 **不思議故**며

　여래가 능히 한 모공 속에 모든 시방세계의 이루고 머물고 무너지는 겁을 두루 나타냄이 부사의한 까닭입니다.

　여래가 삼매에 들고 나자 누각이 홀연히 변하여 가지가지로 장엄하게 된 것과 서다림이 홀연히 넓어지고 갖가지 보배로 장엄하게 된 것과 보배 깃대로 장엄하게 된 것과 서다림 상공에 구름이 펼쳐지게 된 것은 위와 같이 여래의 모든 것이 다 불가사의하기 때문이다.

여 어 차 서 다 림 급 고 독 원   견 불 국 토 청 정 장
如於此逝多林給孤獨園에 **見佛國土淸淨莊**

엄   시 방 일 체 진 법 계 허 공 계 일 체 세 계   역 여
嚴하야 **十方一切盡法界盧空界一切世界**도 **亦如**

시 견   소 위 견 여 래 신   주 서 다 림   보 살 중 회
是見하니 **所謂見如來身**이 **住逝多林**에 **菩薩衆會**가

개 실 변 만
皆悉徧滿하니라

　이 서다림의 외로운 이 돕는 동산[給孤獨園]에서 부처
님의 국토가 청정하게 장엄한 것을 보는 것과 같이 시
방의 온 법계와 허공계에 가득한 모든 세계에서도 또한
이와 같이 보나니, 이른바 여래의 몸이 서다림에 머무
심에 보살 대중이 다 가득함을 보았습니다.

　서다림의 외로운 이 돕는 동산에서 부처님의 국토가 청정
하게 장엄한 것을 보고, 시방의 온 법계와 허공계에 가득한
모든 세계에서도 역시 그와 같은 장엄을 본다. 장엄만 그런
것이 아니라 여래의 몸이 서다림에 머무심에 보살 대중이 다
가득하게 있는 것까지도 꼭 같이 다 본다. 깨달음의 안목과
삼매의 안목은 장소가 다르다고 해서 달리 보는 것이 아니
기 때문이다.

7) 구름처럼 일어난 갖가지 모습을 보다

견보우일체장엄운 　　 견보우일체보광명조
見普雨一切莊嚴雲하며 　 見普雨一切寶光明照

요운 　　 견보우일체마니보운 　　 견보우일체
曜雲하며 　 見普雨一切摩尼寶雲하며 　 見普雨一切

장엄개미부불찰운
莊嚴蓋彌覆佛刹雲하며

모든 장엄을 널리 비처럼 내리는 구름을 보며, 모든
보배를 널리 비처럼 내려 광명을 밝게 비추는 구름을
보며, 모든 마니보배를 널리 비처럼 내리는 구름을 보
며, 모든 장엄한 일산을 널리 비처럼 내려 세계를 뒤덮
는 구름을 보았습니다.

견보우일체천신운 　　 견보우일체화수운
見普雨一切天身雲하며 　 見普雨一切華樹雲하며

견보우일체의수운 　　 견보우일체보만영락
見普雨一切衣樹雲하며 　 見普雨一切寶鬘瓔珞이

상 속 부 절　　　주 변 일 체 대 지 운
相續不絶하야 **周徧一切大地雲**하며

　모든 하늘의 몸을 널리 비처럼 내리는 구름을 보며,
모든 꽃나무를 널리 비처럼 내리는 구름을 보며, 모든
의복나무를 널리 비처럼 내리는 구름을 보며, 모든 보배
화만과 영락을 널리 비처럼 내려 계속하여 끊이지 아니
하여 온 땅 위에 두루 하는 구름을 보았습니다.

　　　견 보 우 일 체 장 엄 구 운　　　견 보 우 일 체 여 중 생
　　見普雨一切莊嚴具雲하며 **見普雨一切如衆生**

형 종 종 향 운　　　견 보 우 일 체 미 묘 보 화 망 상 속 부
形種種香雲하며 **見普雨一切微妙寶華網相續不**

단 운　　　견 보 우 일 체 제 천 녀　　지 보 당 번　　어 허
斷雲하며 **見普雨一切諸天女**가 **持寶幢幡**하고 **於虛**

공 중　　주 선 래 거 운
空中에 **周旋來去雲**하며

　모든 장엄거리를 널리 비처럼 내리는 구름을 보며,
모든 중생의 형상 같은 갖가지 향을 널리 비처럼 내리
는 구름을 보며, 모든 미묘한 꽃 그물을 널리 비처럼 내

려 계속하여 끊이지 않는 구름을 보며, 일체 모든 천녀
를 널리 비처럼 내려 보배 당기와 번기를 들고 허공 속
에서 두루 돌며 오고 가는 구름을 보았습니다.

견보우일체중보련화　어화엽간　자연이
見普雨一切衆寶蓮華가 於華葉間에 自然而

출종종악음운　견보우일체사자좌　보망영
出種種樂音雲하며 見普雨一切獅子座가 寶網瓔

락　이위장엄운
珞으로 而爲莊嚴雲이러라

　모든 보배 연꽃을 널리 비처럼 내리는데 꽃과 잎 사
이에서 갖가지 음악 소리가 저절로 나오는 구름을 보
며, 모든 사자좌를 널리 비처럼 내려 보배 그물과 영락
으로 장엄하는 구름을 보았습니다.

　서다림의 외로운 이 돕는 동산에서 부처님의 국토가 청정
하게 장엄하였음을 설하고, 그 까닭을 밝혔다. 그리고 다시
또 하늘에서 온갖 장엄거리와 보배와 마니보배와 장엄한 일

산 등 별별 기묘한 장엄거리 구름들이 마치 비가 쏟아져 내리듯이 일어나는 것을 보게 됨을 밝혔다.

4. 새로운 대중들이 시방에서 모이다

1) 동방東方의 대중

이시 동방 과불가설불찰미진수세계해
爾時에 東方으로 過不可說佛刹微塵數世界海

외 유세계 명금등운당 불호 비로자
外하야 有世界하니 名金燈雲幢이요 佛號는 毘盧遮

나승덕왕 피불중중 유보살 명비로자
那勝德王이어든 彼佛衆中에 有菩薩하니 名毘盧遮

나원광명 여불가설불찰미진수보살 구
那願光明이라 與不可說佛刹微塵數菩薩로 俱하야

내향불소
來向佛所하사

그때에 동방으로 말할 수 없는 부처님 세계의 작은
먼지 수 세계바다를 지나서 그 밖에 세계가 있으니 이

름이 금등운당金燈雲幢이요, 부처님 명호는 비로자나승덕왕毘盧遮那勝德王이며, 그 부처님의 대중 가운데 보살이 있으니 이름이 비로자나원광명毘盧遮那願光明이었습니다. 말할 수 없는 부처님 세계의 작은 먼지 수 보살들과 함께 부처님 계신 데로 왔습니다.

경전을 설할 때는 반드시 신信, 문聞, 시時, 주主, 처處, 중衆이라 하여 여섯 가지가 성취되어야 비로소 설해진다. 그것을 육성취六成就라 한다. 앞에서 먼저 보살 대중과 성문 대중과 세주世主 대중을 소개하였는데, 다시 또 새로운 대중이라 하여 시방의 대중이 모여 온 것을 소개한다. 이와 같이 입법계품은 동참한 대중만 보더라도 경전의 구성과 규모와 법의 높이를 짐작하게 한다.

대중들이 온 방향과 세계의 이름과 부처님 명호와 상수보살의 이름까지 밝히고 나서 그 대중들이 온 방향에 자리를 잡고 앉기까지를 설하였다. 그 많은 대중이 그렇게 모여와도 자신들이 온 방향에 자리를 잡고 앉으니 섞이지도 않고 혼잡하지도 않다.

실 이 신 력　　홍 종 종 운　　소 위 천 화 운　　천
悉以神力으로 興種種雲하시니 所謂天華雲과 天

향 운　　천 말 향 운　　천 만 운　　천 보 운　　천 장 엄 구
香雲과 天末香雲과 天鬘雲과 天寶雲과 天莊嚴具

운　　천 보 개 운　　천 미 묘 의 운　　천 보 당 번 운　　천
雲과 天寶蓋雲과 天微妙衣雲과 天寶幢幡雲과 天

일 체 묘 보 제 장 엄 운　　충 만 허 공
一切妙寶諸莊嚴雲이 充滿虛空이라

　신통한 힘으로 여러 가지 구름을 일으키었으니, 이
른바 하늘 꽃 구름과, 하늘 향 구름과, 하늘 가루향 구
름과, 하늘 화만 구름과, 하늘 보배 구름과, 하늘 장엄
거리 구름과, 하늘 보배 일산 구름과, 하늘의 미묘한 옷
구름과, 하늘 보배 당기 번기 구름과, 하늘의 모든 미묘
한 보배 장엄 구름이 허공에 가득하였습니다.

　가지가지 하늘의 장엄 구름을 일으켜 온 허공을 가득히
덮었다. 부처님께 올리는 선물이며 공양이며 장엄이다. 그
먼 곳에서 보살 대중이 부처님을 찾아 법회에 오면서 어찌
맨손으로 올 수 있겠는가. 선물과 공양이 매우 풍성하다.
　강원의 학인들이 방학을 맞아 은사스님이 계시는 곳에

간다는 인사를 오면 필자는 꼭 당부하는 말이 있다. "무엇이든 가져가서 선물로 드려라. 만약 가져갈 것이 없다면 자신이 읽던 손때 묻은 책 한 권이라도 좋으니 꼭 그렇게 하라."고 당부한다.

지 불 소 이　　정 례 불 족　　즉 어 동 방　화 작 보
至佛所已하야 **頂禮佛足**하고 **即於東方**에 **化作寶**

장 엄 누 각　　급 보 조 시 방 보 련 화 장 사 자 지 좌
莊嚴樓閣과 **及普照十方寶蓮華藏獅子之座**하사

여 의 보 망　　나 부 기 신　　여 기 권 속　　결 가 부
如意寶網으로 **羅覆其身**하고 **與其眷屬**으로 **結跏趺**

좌
坐하나니라

부처님 계신 데 이르러 부처님 발에 절하고, 곧 동방에 보배로 장엄한 누각과 시방을 두루 비추는 보배 연화장 사자좌를 변화하여 만들고는 여의 보배 그물로 몸을 두르고 권속들과 함께 가부좌하고 앉았습니다.

동방에서 모여 온 보살 대중이 자신들이 거처할 누각과

자신들이 앉을 사자좌를 손수 만들어 여의 보배 그물로
몸을 두르고 권속들과 함께 가부좌하고 그 자리에 앉았다.

2) 남방南方의 대중

남방　　　　과 불 가 설 불 찰 미 진 수 세 계 해 외
南方으로 **過不可說佛刹微塵數世界海外**하야

유 세 계　　　명 금 강 장　　　불 호　　보 광 명 무 승 장 왕
有世界하니 **名金剛藏**이요 **佛號**는 **普光明無勝藏王**

　　　피 불 중 중　　유 보 살　　　명 불 가 괴 정 진 왕
이어든 **彼佛衆中**에 **有菩薩**하니 **名不可壞精進王**이라

여 불 가 설 불 찰 미 진 수 보 살　　구　　　내 향 불 소
與不可說佛刹微塵數菩薩로 **俱**하야 **來向佛所**하사

　　남방으로 말할 수 없는 부처님 세계의 작은 먼지 수
세계바다를 지나서 그 밖에 세계가 있으니 이름이 금강
장金剛藏이요, 부처님 명호는 보광명무승장왕普光明無勝藏王
이며, 그 대중 가운데 보살이 있으니 이름이 불가괴정진
왕不可壞精進王이었습니다. 말할 수 없는 부처님 세계의 작
은 먼지 수 보살들과 함께 부처님 계신 데로 왔습니다.

지 일 체 보 향 망　　지 일 체 보 영 락　　지 일 체
持一切寶香網하며 持一切寶瓔珞하며 持一切

보 화 대　　지 일 체 보 만 대　　지 일 체 금 강 영 락
寶華帶하며 持一切寶鬘帶하며 持一切金剛瓔珞하며

지 일 체 마 니 보 망　　지 일 체 보 의 대　　지 일 체
持一切摩尼寶網하며 持一切寶衣帶하며 持一切

보 영 락 대　　지 일 체 최 승 광 명 마 니 대　　지 일
寶瓔珞帶하며 持一切最勝光明摩尼帶하며 持一

체 사 자 마 니 보 영 락　　실 이 신 력　　충 변 일 체
切獅子摩尼寶瓔珞하야 悉以神力으로 充徧一切

제 세 계 해
諸世界海하야

　　모든 보배 향 그물과, 모든 보배 영락과, 모든 보배
꽃 띠[帶]와, 모든 보배 화만 띠와, 모든 금강 영락과,
모든 마니보배 그물과, 모든 보배 의대衣帶와, 모든 보배
영락 띠와, 모든 가장 수승한 광명 마니 띠와, 모든 사
자 마니보배 영락을 가지고 신통한 힘으로써 모든 세계
바다에 가득하게 하였습니다.

도불소이 정례불족 즉어남방 화작변
到佛所已에 頂禮佛足하고 卽於南方에 化作偏

조세간마니보장엄누각 급보조시방보련화
照世間摩尼寶莊嚴樓閣과 及普照十方寶蓮華

장사자지좌 이일체보화망 나부기신
藏獅子之座하사 以一切寶華網으로 羅覆其身하고

여기권속 결가부좌
與其眷屬으로 結跏趺坐하나니라

　부처님 계신 데 이르러 부처님 발에 절하고, 곧 남방
에 세간을 두루 비추는 마니보배로 장엄한 누각과 그리
고 시방을 두루 비추는 보배 연화장 사자좌를 변화하여
만들고는 모든 보배 꽃 그물을 몸에 두르고 권속들과
함께 가부좌하고 앉았습니다.

3) 서방西方의 대중

서방 과불가설불찰미진수세계해외
西方으로 過不可說佛刹微塵數世界海外하야

유세계　　명마니보등수미산당　　불호　법계
有世界하니 名摩尼寶燈須彌山幢이요 佛號는 法界

지등　　피불중중　유보살　명보승무상위
智燈이어든 彼佛衆中에 有菩薩하니 名普勝無上威

덕왕　　여세계해미진수보살　구　내향불
德王이라 與世界海微塵數菩薩로 俱하야 來向佛

소
所하사

　　서방으로 말할 수 없는 부처님 세계의 작은 먼지 수
세계바다를 지나서 그 밖에 세계가 있으니 이름이 마니
보등수미산당摩尼寶燈須彌山幢이요, 부처님 명호는 법계지
등法界智燈이며, 그 대중 가운데 보살이 있으니 이름이 보
승무상위덕왕普勝無上威德王이었습니다. 세계바다의 작은
먼지 수 보살들과 함께 부처님 계신 데로 왔습니다.

　　실이신력　　홍불가설불찰미진수종종도향
　　悉以神力으로 興不可說佛刹微塵數種種塗香

소향수미산운　　불가설불찰미진수종종색향
燒香須彌山雲과 不可說佛刹微塵數種種色香

수 수 미 산 운
水須彌山雲과

　신통한 힘으로 말할 수 없는 세계의 작은 먼지 수 갖
가지 바르는 향과 사르는 향과 수미산 구름과, 말할 수
없는 세계의 작은 먼지 수 갖가지 빛 향수 수미산 구
름과,

　불 가 설 불 찰 미 진 수 일 체 대 지 미 진 등 광 명 마
不可說佛剎微塵數一切大地微塵等光明摩

니 보 왕 수 미 산 운　　불 가 설 불 찰 미 진 수 종 종 광
尼寶王須彌山雲과 不可說佛剎微塵數種種光

염 륜 장 엄 당 수 미 산 운
焰輪莊嚴幢須彌山雲과

　말할 수 없는 세계의 작은 먼지 수와 같은 모든 땅
의 작은 먼지와 같은 광명 마니보배왕 수미산 구름과,
말할 수 없는 세계의 작은 먼지 수 갖가지 불꽃 바퀴로
장엄한 당기 수미산 구름과,

불가설불찰미진수종종색금강장마니왕장
不可說佛刹微塵數種種色金剛藏摩尼王莊

엄수미산운　불가설불찰미진수보조일체세
嚴須彌山雲과 不可說佛刹微塵數普照一切世

계염부단마니보당수미산운
界閻浮檀摩尼寶幢須彌山雲과

　말할 수 없는 세계의 작은 먼지 수 갖가지 빛 금강
장 마니왕으로 장엄한 수미산 구름과, 말할 수 없는 세
계의 작은 먼지 수 모든 세계를 두루 비추는 염부단금
마니보배 당기 수미산 구름과,

불가설불찰미진수현일체법계마니보수미
不可說佛刹微塵數現一切法界摩尼寶須彌

산운　불가설불찰미진수현일체제불상호마
山雲과 不可說佛刹微塵數現一切諸佛相好摩

니보왕수미산운
尼寶王須彌山雲과

　말할 수 없는 세계의 작은 먼지 수 모든 법계를 나
타내는 마니보배 수미산 구름과, 말할 수 없는 세계의

작은 먼지 수 모든 부처님의 잘생긴 모습을 나타내는 마니보배왕 수미산 구름과,

불가설불찰미진수현일체여래본사인연
不可說佛刹微塵數現一切如來本事因緣하며

설제보살소행지행마니보왕수미산운　불가
說諸菩薩所行之行摩尼寶王須彌山雲과 **不可**

설불찰미진수현일체불좌보리장마니보왕수
說佛刹微塵數現一切佛坐菩提場摩尼寶王須

미산운　충만법계
彌山雲하사 **充滿法界**하야

　말할 수 없는 세계의 작은 먼지 수 모든 여래의 본생 인연을 나타내고 보살들의 행하던 행을 말하는 마니보배왕 수미산 구름과, 말할 수 없는 세계의 작은 먼지 수 모든 부처님이 보리도량에 앉으심을 나타내는 마니보배왕 수미산 구름을 일으키어 법계에 가득하게 하였습니다.

지불소이　정례불족　즉어서방　화작일
至佛所已에 頂禮佛足하고 卽於西方에 化作一

체향왕누각　진주보망　미부기상　급화
切香王樓閣하사 眞珠寶網으로 彌覆其上하며 及化

작제석영당보련화장사자지좌　이묘색마니
作帝釋影幢寶蓮華藏獅子之座하사 以妙色摩尼

망　나부기신　심왕보관　이엄기수　여
網으로 羅覆其身하며 心王寶冠으로 以嚴其首하고 與

기권속　결가부좌
其眷屬으로 結跏趺坐하나니라

　　부처님 계신 데 이르러 부처님 발에 절하고, 서방에
모든 향왕으로 된 누각을 변화하여 만드니 진주 보배
그물이 위에 덮이었고, 또 제석의 그림자로 당기 보배
연화장 사자좌를 변화하여 만들고는 묘한 빛 마니 그물
을 몸에 두르며 심왕 보배관으로 머리를 장엄하고 권속
들과 함께 가부좌하고 앉았습니다.

4) 북방北方의 대중

북방   과불가설불찰미진수세계해외   유
北方으로 過不可說佛剎微塵數世界海外하야 有

세계   명보의광명당   불호   조허공법계대
世界하니 名寶衣光明幢이요 佛號는 照虛空法界大

광명   피불중중   유보살   명무애승장왕
光明이어든 彼佛衆中에 有菩薩하니 名無礙勝藏王

여세계해미진수보살   구   내향불소
이라 與世界海微塵數菩薩로 俱하야 來向佛所하사

북방으로 말할 수 없는 부처님 세계의 작은 먼지 수
세계바다를 지나서 그 밖에 세계가 있으니 이름이 보의
광명당寶衣光明幢이요, 부처님 명호는 조허공법계대광명照
虛空法界大光明이며, 그 대중 가운데 보살이 있으니 이름이
무애승장왕無礙勝藏王이었습니다. 세계바다의 작은 먼지
수 보살들과 함께 부처님 계신 데로 왔습니다.

실이신력   흥일체보의운   소위황색보
悉以神力으로 興一切寶衣雲하니 所謂黃色寶

광명의운　　종종향소훈의운　　일당마니왕의
光明衣雲과　種種香所熏衣雲과　日幢摩尼王衣

운　　금색치연마니의운　　일체보광염의운
雲과　金色熾然摩尼衣雲과　一切寶光焰衣雲과

모두 신통한 힘으로 일체 보배 옷 구름을 일으키니
이른바 황색 보배 광명 옷 구름과, 갖가지 향기를 풍기
는 옷 구름과, 해 당기 마니왕 옷 구름과, 금빛 치성한
마니 옷 구름과, 모든 보배 불꽃 옷 구름과,

일체성신상상묘마니의운　　백옥광마니의
一切星辰像上妙摩尼衣雲과　白玉光摩尼衣

운　　광명변조수승혁혁마니의운　　광명변조위
雲과　光明徧照殊勝赫奕摩尼衣雲과　光明徧照威

세치성마니의운　　장엄해마니의운　　충변허공
勢熾盛摩尼衣雲과　莊嚴海摩尼衣雲이　充徧虛空
하야

모든 별 모양 훌륭한 마니 옷 구름과, 백옥빛 마니
옷 구름과, 광명이 비치어 매우 찬란한 마니 옷 구름과,
광명이 두루 비치어 위세가 치성한 마니 옷 구름과, 장

엄바다 마니 옷 구름이 허공에 가득하였습니다.

지불소이 정례불족 즉어북방 화작마
至佛所已에 **頂禮佛足**하고 **卽於北方**에 **化作摩**

니 보해 장엄누각 급비유리보련화장사자지
尼寶海莊嚴樓閣과 **及毘瑠璃寶蓮華藏獅子之**

좌 이사자위덕마니왕망 나부기신 청
座하사 **以獅子威德摩尼王網**으로 **羅覆其身**하며 **淸**

정보왕 위계명주 여기권속 결가부좌
淨寶王으로 **爲髻明珠**하고 **與其眷屬**으로 **結跏趺坐**

하나니라

　부처님 계신 곳에 이르러 부처님 발에 절하고, 북방
에 마니보배 바다로 장엄한 누각과 비유리 보배 연화장
사자좌를 변화하여 만들고는 사자 위덕 마니왕 그물을
몸에 두르고, 청정한 보배왕을 상투의 밝은 구슬로 삼
고 권속들과 함께 가부좌하고 앉았습니다.

5) 동북방東北方의 대중

동북방 과 불가설불찰미진수세계 해외
東北方으로 **過不可說佛刹微塵數世界海外**하야

유세계 명일체환희청정광명망 불호 무
有世界하니 **名一切歡喜淸淨光明網**이요 **佛號**는 **無**

애안 피불중중 유보살 명화현법계원
礙眼이어든 **彼佛衆中**에 **有菩薩**하니 **名化現法界願**

월왕 여세계해미진수보살 구 내향불
月王이라 **與世界海微塵數菩薩**로 **俱**하야 **來向佛**

소
所하사

동북방으로 말할 수 없는 부처님 세계의 작은 먼지
수 세계바다를 지나서 그 밖에 세계가 있으니 이름이
일체환희청정광명망一切歡喜淸淨光明網이요, 부처님 명호는
무애안無礙眼이며, 그 대중 가운데 보살이 있으니 이름이
화현법계원월왕化現法界願月王이었습니다. 세계바다의 작
은 먼지 수 보살들과 함께 부처님 계신 데로 왔습니다.

실이신력　　홍보누각운　　향누각운　　소향
悉以神力으로 興寶樓閣雲과 香樓閣雲과 燒香

누각운　　화누각운　　전단누각운　　금강누각
樓閣雲과 華樓閣雲과 栴檀樓閣雲과 金剛樓閣

운　　마니누각운　　금누각운　　의누각운　　연화
雲과 摩尼樓閣雲과 金樓閣雲과 衣樓閣雲과 蓮華

누각운　　미부시방일체세계
樓閣雲하사 彌覆十方一切世界하야

모두 신통한 힘으로 보배 누각 구름과, 향 누각 구름
과, 사르는 향 누각 구름과, 꽃 누각 구름과, 전단 누각
구름과, 금강 누각 구름과, 마니 누각 구름과, 금 누각
구름과, 옷 누각 구름과, 연꽃 누각 구름을 일으켜 시방
의 모든 세계를 덮었습니다.

지불소이　　정례불족　　즉어동북방　　화작
至佛所已에 頂禮佛足하고 卽於東北方에 化作

일체법계문대마니누각　　급무등향왕연화장
一切法界門大摩尼樓閣과 及無等香王蓮華藏

사자지좌　　마니화망　　나부기신　　착묘보
獅子之座하사 **摩尼華網**으로 **羅覆其身**하며 **着妙寶**

장마니왕관　　여기권속　　결가부좌
藏摩尼王冠하고 **與其眷屬**으로 **結跏趺坐**하나니라

　부처님 계신 데 이르러 부처님 발에 절하고, 동북방
에 모든 법계문 큰 마니 누각과 짝할 이 없는 향왕 연
화장 사자좌를 변화하여 만들고는 마니 꽃 그물을 몸에
두르고 묘한 보배 창고 마니 왕관을 쓰고 권속들과 함
께 가부좌하고 앉았습니다.

6) 동남방東南方의 대중

동남방　　과불가설불찰미진수세계해외
東南方으로 **過不可說佛刹微塵數世界海外**하야

유세계　　명향운장엄당　　불호　　용자재왕
有世界하니 **名香雲莊嚴幢**이요 **佛號**는 **龍自在王**이

　피불중중　　유보살　　명법혜광염왕　　여
어든 **彼佛眾中**에 **有菩薩**하니 **名法慧光焰王**이라 **與**

세 계 해 미 진 수 보 살　　구　　내 향 불 소
世界海微塵數菩薩로 **俱**하야 **來向佛所**하사

　동남방으로 말할 수 없는 부처님 세계의 작은 먼지
수 세계바다를 지나서 그 밖에 세계가 있으니 이름이
향운장엄당香雲莊嚴幢이요, 부처님 명호는 용자재왕龍自在王
이며, 그 대중 가운데 보살이 있으니 이름이 법혜광염
왕法慧光焰王이었습니다. 세계바다의 작은 먼지 수 보살들
과 함께 부처님 계신 데로 왔습니다.

　　실 이 신 력　　　홍 금 색 원 만 광 명 운　　　무 량 보 색
　　悉以神力으로 **興金色圓滿光明雲**과 **無量寶色**

원 만 광 명 운　　여 래 호 상 원 만 광 명 운　　종 종 보
圓滿光明雲과 **如來毫相圓滿光明雲**과 **種種寶**

색 원 만 광 명 운　　연 화 장 원 만 광 명 운
色圓滿光明雲과 **蓮華藏圓滿光明雲**과

　모두 신통한 힘으로 금빛 원만한 광명 구름과, 한량
없는 보배빛 원만한 광명 구름과, 여래의 백호상 원만
한 광명 구름과, 여러 가지 보배빛 원만한 광명 구름과,
연화장 원만한 광명 구름과,

중보 수 지 원 만 광 명 운　　여 래 정 계 원 만 광 명

衆寶樹枝圓滿光明雲과　如來頂髻圓滿光明

운　염 부 단 금 색 원 만 광 명 운　　일 색 원 만 광 명 운

雲과　閻浮檀金色圓滿光明雲과　日色圓滿光明雲

성 월 색 원 만 광 명 운　　　실 변 허 공

과　星月色圓滿光明雲하사　悉徧虛空하야

여러 가지 보배 나뭇가지 원만한 광명 구름과, 여래 정수리 상투 원만한 광명 구름과, 염부단금빛 원만한 광명 구름과, 햇빛 원만한 광명 구름과, 별과 달빛 원만한 광명 구름을 일으켜 허공에 가득하게 하였습니다.

도 불 소 이　　정 례 불 족　　　즉 어 동 남 방　　화 작

到佛所已에　頂禮佛足하고　即於東南方에　化作

비 로 자 나 최 상 보 광 명 누 각　　금 강 마 니 연 화 장

毘盧遮那最上寶光明樓閣과　金剛摩尼蓮華藏

사 자 지 좌　　중 보 광 염 마 니 왕 망　　나 부 기 신

獅子之座하사　衆寶光焰摩尼王網으로　羅覆其身하고

여 기 권 속　　결 가 부 좌

與其眷屬으로　結跏趺坐하나니라

부처님 계신 데 이르러 부처님 발에 절하고, 동남방에 비로자나 최상 보배 광명 누각과 금강 마니 연화장 사자좌를 변화하여 만들고는 여러 가지 보배빛 불꽃 마니왕 그물로 몸을 두르고 권속들과 함께 가부좌하고 앉았습니다.

7) 서남방西南方의 대중

西南方으로 過不可說佛刹微塵數世界海外하야

有世界하니 名日光摩尼藏이요 佛號는 普照諸法智

月王이어든 彼佛衆中에 有菩薩하니 名摧破一切魔

軍智幢王이라 與世界海微塵數菩薩로 俱하야 來向

佛所하사

서남방으로 말할 수 없는 부처님 세계의 작은 먼지

수 세계바다를 지나서 그 밖에 세계가 있으니 이름이 일광마니장日光摩尼藏이요, 부처님 명호는 보조제법지월왕普照諸法智月王이며, 그 대중 가운데 보살이 있으니 이름이 최파일체마군지당왕摧破一切魔軍智幢王이었습니다. 세계바다의 작은 먼지 수 보살들과 함께 부처님 계신 데로 왔습니다.

어 일 체 모 공 중　　출 등 허 공 계 화 염 운　　향 염

於一切毛孔中에 **出等盧空界華焰雲**과 **香焰**

운　　보 염 운　　금 강 염 운　　소 향 염 운　　전 광 염 운

雲과 **寶焰雲**과 **金剛焰雲**과 **燒香焰雲**과 **電光焰雲**

비 로 자 나 마 니 보 염 운　　일 체 금 광 염 운　　승 장

과 **毘盧遮那摩尼寶焰雲**과 **一切金光焰雲**과 **勝藏**

마 니 왕 광 염 운　　등 삼 세 여 래 해 광 염 운　　일 일

摩尼王光焰雲과 **等三世如來海光焰雲**호대 **一一**

개 종 모 공 중 출　　변 허 공 계

皆從毛孔中出하야 **徧盧空界**라

　　모든 모공에서 허공계와 같은 꽃 불꽃 구름과, 향 불꽃 구름과, 보배 불꽃 구름과, 금강 불꽃 구름과, 사

르는 향 불꽃 구름과, 번개빛 불꽃 구름과, 비로자나 마니보배 불꽃 구름과, 모든 금빛 불꽃 구름과, 승장마니왕 광명 불꽃 구름과, 세 세상 여래 바다와 같은 광명 불꽃 구름을 내니 하나하나가 다 모공에서 나와 허공에 가득하였습니다.

도불소이　정례불족　즉어서남방　화작
到佛所已에 **頂禮佛足**하고 **卽於西南方**에 **化作**

보현시방법계광명망대마니보누각　급향등
普現十方法界光明網大摩尼寶樓閣과 **及香燈**

염보련화장사자지좌　이이구장마니망
焰寶蓮華藏獅子之座하사 **以離垢藏摩尼網**으로

나부기신　착출일체중생발취음마니왕엄식
羅覆其身하며 **着出一切衆生發趣音摩尼王嚴飾**

관　여기권속　결가부좌
冠하고 **與其眷屬**으로 **結跏趺坐**하나니라

　부처님 계신 데 이르러 부처님 발에 절하고, 서남방에 시방 법계의 광명 그물을 나타내는 큰 마니보배 누각과 향 등 불꽃 보배 연화장 사자좌를 변화하여 만들

고는 때를 떠난 창고 마니 그물을 몸에 두르고 일체 중
생을 떠나 나아가는 음성을 내는 마니왕으로 잘 꾸민
관을 쓰고 권속들과 함께 가부좌하고 앉았습니다.

8) 서북방西北方의 대중

서북방   과불가설불찰미진수세계해외
西北方으로 **過不可說佛刹微塵數世界海外**하야

유세계   명비로자나원마니왕장   불호   보
有世界하니 **名毘盧遮那願摩尼王藏**이요 **佛號**는 **普**

광명최승수미왕   피불중중   유보살   명
光明最勝須彌王이어든 **彼佛眾中**에 **有菩薩**하니 **名**

원지광명당   여세계해미진수보살   구
願智光明幢이라 **與世界海微塵數菩薩**로 **俱**하야

내향불소
來向佛所하사

서북방으로 말할 수 없는 부처님 세계의 작은 먼지
수 세계바다를 지나서 그 밖에 세계가 있으니 이름이
비로자나원마니왕장毘盧遮那願摩尼王藏이요, 부처님 명호는

보광명최승수미왕普光明最勝須彌王이며, 그 대중 가운데 보살이 있으니 이름이 원지광명당願智光明幢이었습니다. 세계바다의 작은 먼지 수 보살들과 함께 부처님 계신 데로 왔습니다.

어염념중 일체 상호 일체모공 일체신분
於念念中에 一切相好와 一切毛孔과 一切身分에

개 출삼 세 일 체 여 래 형 상 운   일 체 보 살 형 상 운
皆出三世一切如來形像雲과 一切菩薩形像雲과

일 체 여 래 중 회 형 상 운   일 체 여 래 변 화 신 형 상
一切如來衆會形像雲과 一切如來變化身形像

운
雲과

잠깐잠깐에 모든 잘생긴 모습과 모든 모공과 모든 몸의 부분에서 모두 세 세상 모든 여래의 형상 구름과, 모든 보살의 형상 구름과, 모든 여래의 대중 형상 구름과, 모든 여래의 변화한 몸 형상 구름과,

일체여래본생신형상운　　　일체성문벽지불
一切如來本生身形像雲과　一切聲聞辟支佛

형상운　　일체여래보리장형상운　　일체여래신
形像雲과　一切如來菩提場形像雲과　一切如來神

변형상운　　일체세간주형상운　　일체청정국토
變形像雲과　一切世間主形像雲과　一切淸淨國土

형상운　　　충만허공
形像雲하사　充滿虛空하야

　모든 여래의 본생 몸 형상 구름과, 모든 성문과 벽지
불의 형상 구름과, 모든 여래의 보리도량 형상 구름과,
모든 여래의 신통변화 형상 구름과, 모든 세간 주인들
의 형상 구름과, 모든 청정한 국토의 형상 구름을 내어
허공에 가득하였습니다.

지불소이　　정례불족　　즉어서북방　　화작
至佛所已에　頂禮佛足하고　卽於西北方에　化作

보조시방마니보장엄누각　　급보조세간보련
普照十方摩尼寶莊嚴樓閣과　及普照世間寶蓮

화 장 사 자 지 좌   이 무 능 승 광 명 진 주 망   나
華藏獅子之座하사 **以無能勝光明眞珠網**으로 **羅**

부 기 신   착 보 광 명 마 니 보 관   여 기 권 속
覆其身하며 **着普光明摩尼寶冠**하고 **與其眷屬**으로

결 가 부 좌
結跏趺坐하나니라

　부처님 계신 데 이르러 부처님 발에 절하고, 곧 서북
방에 시방을 두루 비추는 마니보배로 장엄한 누각과 세
간을 두루 비추는 보배 연화장 사자좌를 변화하여 만들
고는 이길 이 없는 광명 진주 그물을 몸에 두르고 보광
명 마니 보배관을 쓰고 권속들과 함께 가부좌하고 앉았
습니다.

9) 하방下方의 대중

하 방   과 불 가 설 불 찰 미 진 수 세 계 해 외   유
下方으로 **過不可說佛刹微塵數世界海外**하야 **有**

세 계   명 일 체 여 래 원 만 광 보 조   불 호   허 공
世界하니 **名一切如來圓滿光普照**요 **佛號**는 **虛空**

무애상지당왕   피불중중   유보살   명파
無礙相智幢王이어든 彼佛衆中에 有菩薩하니 名破

일체장용맹지왕   여세계해미진수보살   구
一切障勇猛智王이라 與世界海微塵數菩薩로 俱

내 향 불 소
하야 來向佛所하사

하방으로 말할 수 없는 부처님 세계의 작은 먼지 수
세계바다를 지나서 그 밖에 세계가 있으니 이름이 일체
여래원만광보조一切如來圓滿光普照요, 부처님 명호는 허공무
애상지당왕虛空無礙相智幢王이며, 그 대중 가운데 보살이 있
으니 이름이 파일체장용맹지왕破一切障勇猛智王이었습니다.
세계바다의 작은 먼지 수 보살들과 함께 부처님 계신
데로 왔습니다.

어일체모공중   출설일체중생어언해음성
於一切毛孔中에 出說一切衆生語言海音聲

운   출설일체삼세보살수행방편해음성운
雲하며 出說一切三世菩薩修行方便海音聲雲하며

출 설 일 체 보 살 소 기 원 방 편 해 음 성 운
出說一切菩薩所起願方便海音聲雲하며

모든 모공 속으로 일체 중생의 언어의 바다를 말하
는 음성 구름을 내며, 모든 세 세상 보살의 수행하는 방
편 바다를 말하는 음성 구름을 내며, 모든 보살이 일으
킨 원願과 방편 바다를 말하는 음성 구름을 내며,

출 설 일 체 보 살 성 만 청 정 바 라 밀 방 편 해 음 성
出說一切菩薩成滿淸淨波羅蜜方便海音聲
운　　　출 설 일 체 보 살 원 만 행 변 일 체 찰 음 성 운
雲하며 **出說一切菩薩圓滿行徧一切刹音聲雲**하며

출 설 일 체 보 살 성 취 자 재 용 음 성 운
出說一切菩薩成就自在用音聲雲하며

모든 보살이 청정한 바라밀다를 성취하는 방편 바
다를 말하는 음성 구름을 나타내며, 모든 보살의 원만
한 행이 모든 세계에 두루 함을 말하는 음성 구름을 내
며, 모든 보살이 자재한 작용 이룸을 말하는 음성 구
름을 내며,

출설일체여래　　왕예도량　　　파마군중　　　성
出說一切如來의 往詣道場하야 破魔軍衆하고 成

등정각　　자재용음성운　　　출설일체여래전법
等正覺한 自在用音聲雲하며 出說一切如來轉法

륜계경문명호해음성운
輪契經門名號海音聲雲하며

　모든 여래가 도량에 나아가 마魔의 군중을 파하고 등
정각을 이루는 자재한 작용을 말하는 음성 구름을 내
며, 모든 여래가 법륜을 굴리던 경전의 이름 바다를 말
하는 음성 구름을 내며,

출설일체수응교화조복중생법방편해음성
出說一切隨應敎化調伏衆生法方便海音聲

운　　출설일체수시수선근수원력　　　보령중생
雲하며 出說一切隨時隨善根隨願力하며 普令衆生

증득지혜방편해음성운
證得智慧方便海音聲雲하사

　모든 마땅한 대로 중생을 교화하고 조복하는 법의
방편 바다를 말하는 음성 구름을 내며, 모든 때를 따르

고 착한 뿌리를 따르고 원력을 따라서 널리 중생들로
하여금 지혜를 증득하게 하는 방편 바다를 말하는 음성
구름을 내었습니다.

　　도 불 소 이　　정 례 불 족　　즉 어 하 방　　화 작 현
　　到佛所已에 頂禮佛足하고 卽於下方에 化作現

일 체 여 래 궁 전 형 상 중 보 장 엄 누 각　　급 일 체 보
一切如來宮殿形像衆寶莊嚴樓閣과 及一切寶

련 화 장 사 자 지 좌　　착 보 현 도 량 영 마 니 보 관
蓮華藏獅子之座하며 着普現道場影摩尼寶冠하고

여 기 권 속　　결 가 부 좌
與其眷屬으로 結跏趺坐하나니라

　　부처님 계신 데 이르러 부처님 발에 절하고, 하방에
모든 여래의 궁전 형상을 나타내는 여러 보배로 장엄한
누각과 모든 보배 연화장 사자좌를 변화하여 만들고는
도량의 그림자를 널리 나타내는 마니 보배관을 쓰고 권
속들과 함께 가부좌하고 앉았습니다.

10) 상방上方의 대중

上方으로 過不可說佛刹微塵數世界海外하야 有
世界하니 名說佛種性無有盡이요 佛號는 普智輪光
明音이어든 彼佛衆中에 有菩薩하니 名法界差別願
이라 與世界海微塵數菩薩로 俱하사 發彼道場하야
來向此娑婆世界釋迦牟尼佛所하사

상방으로 말할 수 없는 부처님 세계의 작은 먼지 수
세계바다를 지나서 그 밖에 세계가 있으니 이름이 설불
종성무유진說佛種性無有盡이요, 부처님 명호는 보지륜광명
음普智輪光明音이며, 그 대중 가운데 보살이 있으니 이름이
법계차별원法界差別願이었습니다. 세계바다의 작은 먼지
수 보살들과 함께 저 도량에서 출발하여 이 사바세계의
석가모니 부처님 계신 데로 왔습니다.

어일체 상호　　일체모공　　일체신분　　일체
於一切相好와 **一切毛孔**과 **一切身分**과 **一切**

지절　　일체장엄구　　일체의복중　　현비로자나
肢節과 **一切莊嚴具**와 **一切衣服中**에 **現毘盧遮那**

등 과 거일체제불　　미래일체제불　　이득수기미
等過去一切諸佛과 **未來一切諸佛**의 **已得授記未**

수기자　　현재시방일체국토　　일체제불　　병기
授記者와 **現在十方一切國土**에 **一切諸佛**과 **幷其**

중 회
衆會하며

　　모든 상호와 모든 모공과 모든 몸의 부분과 모든 손
발가락과 모든 장엄거리와 모든 의복에서 비로자나 등
과거 일체 모든 부처님과 미래 일체 모든 부처님의 수
기를 받기도 하고 아직 못 받기도 한 이와 현재 시방 일
체 국토에 계신 일체 모든 부처님과 그 대중들을 나타
내었습니다.

　　상방의 보살 대중은 특별히 그들의 모든 상호와 모든 모
공과 모든 몸의 부분과 모든 손발가락과 모든 장엄거리와
모든 의복에서 과거 미래 현재의 모든 부처님과 그 대중들을

다 나타내었다.

역현과거　행단나바라밀　급기일체수보시
亦現過去에 **行檀那波羅蜜**과 **及其一切受布施**

자　제본사해
者의 **諸本事海**하며

또 과거에 보시바라밀다를 행하기도 하고 모든 보시
를 받은 이의 모든 본사本事의 일을 나타내며,

역현과거　행시라바라밀 제본사해
亦現過去에 **行尸羅波羅蜜諸本事海**하며

또 과거에 지계바라밀다를 행하던 모든 본사의 일을
나타내며,

역현과거　행찬제바라밀　할절지체　　심
亦現過去에 **行羼提波羅蜜**에 **割截肢體**호대 **心**

무 동 란 제 본 사 해
無動亂諸本事海하며

또 과거에 인욕바라밀다를 행하면서 온몸을 도려 내
어도 마음이 흔들리지 않던 모든 본사의 일을 나타내며,

역 현 과 거　　행 정 진 바 라 밀　　용 맹 불 퇴 제 본
亦現過去에 **行精進波羅蜜**에 **勇猛不退諸本**

사 해
事海하며

또 과거에 정진바라밀다를 행하면서 용맹하게 물러
나지 않던 모든 본사의 일을 나타내며,

역 현 과 거　　구 일 체 여 래 선 바 라 밀 해　　　이 득
亦現過去에 **求一切如來禪波羅蜜海**하야 **而得**

성 취 제 본 사 해
成就諸本事海하며

또 과거에 모든 여래의 선정바라밀다를 구하여 성취
하던 모든 본사의 일을 나타내며,

역현과거　　구일체불　　소전법륜　　소성취법
亦現過去에 求一切佛의 所轉法輪과 所成就法

발용맹심　　일체개사제본사해
에 發勇猛心하야 一切皆捨諸本事海하며

또 과거에 모든 부처님이 굴린 법들을 구하여 성취
한 법과 용맹한 마음을 내어 온갖 것을 모두 버리던 모
든 본사의 일을 나타내며,

역현과거　　낙견일체불　　낙행일체보살도
亦現過去에 樂見一切佛과 樂行一切菩薩道와

낙화일체중생계제본사해
樂化一切衆生界諸本事海하며

또 과거에 모든 부처님 뵈옵기를 좋아하고, 모든 보
살의 도 행하기를 좋아하고, 모든 중생을 교화하기를
좋아하던 모든 본사의 일을 나타내며,

역현과거소발일체보살대원　　청정장엄제
亦現過去所發一切菩薩大願의 淸淨莊嚴諸

본 사 해
本事海하며

또 과거에 내었던 일체 보살의 큰 서원을 발하여 청
정하게 장엄하던 모든 본사의 일을 나타내며,

역 현 과 거 보 살 소 성 역 바 라 밀   용 맹 청 정 제
亦現過去菩薩所成力波羅蜜의 **勇猛淸淨諸**

본 사 해
本事海하며

또 과거에 보살이 이루던 힘바라밀다를 용맹하고 깨
끗하게 하던 모든 본사의 일을 나타내며,

역 현 과 거 일 체 보 살 소 수 원 만 지 바 라 밀   제
亦現過去一切菩薩所修圓滿智波羅蜜의 **諸**

본 사 해   여 시 일 체 본 사 해   실 개 변 만 광 대 법
本事海하사 **如是一切本事海**가 **悉皆徧滿廣大法**

계
界하야

또 과거에 모든 보살이 지혜바라밀다를 닦아 원만케 하던 모든 본사의 일을 나타내어, 이와 같은 모든 본사의 일 바다가 광대한 법계에 모두 가득하였습니다.

상방의 보살 대중은 그들의 모든 상호와 모든 모공과 모든 몸의 부분과 모든 손발가락 등에서 자신들의 십바라밀을 수행하던 온갖 일을 낱낱이 다 나타내었다. 그 어떤 공양 구름보다 특색이 있는 공양이었다.

지불소이 정례불족 즉어상방 화작일
至佛所已에 頂禮佛足하고 卽於上方에 化作一

체금강장장엄누각 급제청금강왕연화장사
切金剛藏莊嚴樓閣과 及帝靑金剛王蓮華藏獅

자지좌 이일체보광명마니왕망 나부기
子之座하사 以一切寶光明摩尼王網으로 羅覆其

신 이연설삼세여래명마니보왕 위계명주
身하며 以演說三世如來名摩尼寶王으로 爲髻明珠

여기권속 결가부좌
하고 與其眷屬으로 結跏趺坐하시니라

부처님이 계신 곳에 이르러 부처님 발에 절하고, 상방에서 모든 금강장으로 장엄한 누각과 제청금강왕으로 된 연화장 사자좌를 변화하여 만들고는 모든 보배 광명 마니왕 그물을 몸에 두르고 세 세상 여래의 이름을 연설하는 마니보배왕으로 상투에 빛나는 구슬을 삼고 권속들과 함께 가부좌하고 앉았습니다.

여기까지 시방에서 모여 온 무량하고 무수하고 불가사의하고 말로 설명할 수 없이 많은 보살 대중이 동참하였음을 밝혔다. 다음은 그 보살들이 어떤 수행을 하고 어떤 공덕과 어떤 인품을 쌓은 분들인가를 밝힌다.

11) 보살 대중의 덕德을 찬탄하다

여 시 시 방 일 체 보 살　병 기 권 속　개 종 보 현 보

如是十方一切菩薩과 幷其眷屬이 皆從普賢菩

살 행 원 중 생

薩行願中生이라

이와 같은 시방의 일체 보살과 그 권속들은 모두 보현보살의 행과 서원 가운데서 태어났습니다.

시방에서 무수한 보살 대중이 와서 법회에 동참하여 자리를 빛내게 되었다. 보살들의 덕행은 얼마나 수승하기에 법의 세계에 들어가는 입법계품을 설하는 법회를 빛내게 되었는가. 한마디로 표현하면 그들은 모두 보현보살의 행과 서원으로부터 출생한 이들이다.

모든 불교도들은 불법에 의하여 다시 태어나야 한다고 하였다. 그렇다면 무엇이 가장 수승한 불법인가. 일체 불법의 정점에는 보현보살의 행과 서원이 있다. 이 법회에 동참한 보살은 모두 보현보살의 행과 서원으로 태어난 이들이기에 법회를 빛나게 하는 것이다. 아래에 보현보살의 행과 서원을 한 구절 한 구절 밝히고 있다.

보살 대중의 덕행을 찬탄하는 내용에 대해서 청량스님은 소疏에서 "제2, 덕행을 함께 찬탄하는 가운데 둘이니 먼저는 전체이고 뒤의 '청정한 지혜의 눈으로' 이하는 개별이다. 개별로 찬탄하는 가운데 34구를 셋으로 나누면, 1, 처음 5구는 위로 모든 부처님의 덕과 가까움을 밝혔다. 2, '한 먼지 가운데' 이하 14구는 아래로 중생들을 포섭하는 덕이다. 3, '일체 보살 신통' 아래 15구는 큰 작용이 자재한 덕이며, 또한 이름이 세 가지의 세 가지 업이다."[4] 라고 하였다.

이 정 지 안　견 삼 세 불
以淨智眼으로 **見三世佛**하며

청정한 지혜의 눈으로 세 세상 부처님을 다 보았습니다.

보 문 일 체 제 불 여 래 소 전 법 륜 수 다 라 해
普聞一切諸佛如來所轉法輪修多羅海하며

일체 모든 부처님 여래가 굴리신 법륜인 경전의 바다를 널리 들었습니다.

---

4) 第二, 通讚德行. 於中二：先總. 後【以淨智眼】下, 別. 就別讚中, 三十四句
分三：一, 初五句明上近諸佛德. 二【於一塵中】下十四句, 下攝眾生德. 三
【一切菩薩神通】下十五句, 大用自在德. 亦名三種三業.

이 득 지 어 일 체 보 살 자 재 피 안
已得至於一切菩薩自在彼岸_{하며}

모든 보살의 자유자재한 저 언덕에 이미 이르렀습
니다.

어 염 념 중　　현 대 신 변　　친 근 일 체 제 불 여 래
於念念中에 **現大神變**하야 **親近一切諸佛如來**
하며

생각 생각마다 큰 신통변화를 나타내어 일체 모든
부처님 여래를 친근하였습니다.

일 신　 충 만 일 체 세 계 일 체 여 래 중 회 도 량
一身이 **充滿一切世界一切如來衆會道場**하며

한 몸이 모든 세계 모든 여래의 대중이 모인 도량에
가득하였습니다.

어 일 진 중　　보 현 일 체 세 간 경 계　　　교 화 성 취
於一塵中에 **普現一切世間境界**하야 **敎化成就**

일 체 중 생　　미 증 실 시
一切衆生호대 **未曾失時**하며

한 먼지 속에 모든 세간 경계를 널리 나타내어 일체
중생을 교화하고 성취하되 때를 놓치지 아니하였습니다.

일 모 공 중　　출 일 체 여 래 설 법 음 성
一毛孔中에 **出一切如來說法音聲**하며

한 모공에서 모든 여래의 법을 설하는 음성을 냅니다.

지 일 체 중 생　　실 개 여 환　　지 일 체 불　　실 개
知一切衆生이 **悉皆如幻**하며 **知一切佛**이 **悉皆**

여 영
如影하며

모든 중생이 다 환상과 같음을 알며, 모든 부처님이
다 그림자 같음을 알며,

지 일 체 제 취 수 생　　실 개 여 몽　　지 일 체 업 보
知一切諸趣受生이 **悉皆如夢**하며 **知一切業報**가

여 경 중 상
如鏡中像하며

일체 모든 길에 태어남이 다 꿈과 같음을 알며, 모든 업을 지어 과보 받는 것이 거울 속의 영상과 같음을 압니다.

지 일 체 제 유 생 기　　여 열 시 염　　지 일 체 세 계
知一切諸有生起가 **如熱時焰**하며 **知一切世界**가

개 여 변 화　　성 취 여 래 십 력 무 외
皆如變化하야 **成就如來十力無畏**하며

일체 모든 존재가 일어남이 더울 적의 아지랑이 같음을 알며, 모든 세계가 변화함과 같음을 알아 여래의 열 가지 힘과 두려움 없음을 성취하였습니다.

용 맹 자 재　　능 사 자 후　　심 입 무 진 변 재 대
勇猛自在하야 **能獅子吼**하며 **深入無盡辯才大**

해
海하며

　용맹하고 자재하게 능히 사자후하여 그지없는 변재
의 큰 바다에 깊이 들어갔습니다.

　　득 일 체 중 생 언 사 해 제 법 지　　어 허 공 법 계
得一切衆生言辭海諸法智하며 **於虛空法界**에

소 행 무 애
所行無礙하며

　모든 중생의 말을 아는 모든 법의 지혜를 얻었고, 허
공계와 법계에 다님이 걸림이 없습니다.

　　지 일 체 법　　무 유 장 애
知一切法이 **無有障礙**하며

　일체 법이 장애가 없음을 알았습니다.

일 체 보 살 신 통 경 계   실 이 청 정
一切菩薩神通境界가 悉已淸淨하며

모든 보살의 신통한 경계를 다 이미 청정하게 하였
습니다.

용 맹 정 진   최 복 마 군
勇猛精進하야 摧伏魔軍하며

용맹하게 정진하여 마의 군대를 꺾어 굴복시켰습니다.

항 이 지 혜   요 달 삼 세
恒以智慧로 了達三世하며

항상 지혜로 세 세상을 통달하였습니다.

지 일 체 법   유 여 허 공   무 유 위 쟁   역 무
知一切法이 猶如虛空하야 無有違諍하고 亦無

취 착
取着하며

모든 법이 마치 허공과 같음을 알아 어김이 없고 또한 집착이 없습니다.

수근정진　이지일체지　종무소래
雖勤精進이나 而知一切智가 終無所來하며

비록 부지런히 정진하나 일체 지혜가 마침내 온 곳이 없음을 압니다.

수관경계　이지일체유　실불가득
雖觀境界나 而知一切有가 悉不可得하며

비록 경계를 보나 일체 존재가 얻을 수 없음을 압니다.

이방편지　입일체법계
以方便智로 入一切法界하며

방편의 지혜로 일체 법계에 들어갔습니다.

이 평 등 지   입 일 체 국 토
以平等智로 **入一切國土**하며

평등한 지혜로 일체 국토에 들어갔습니다.

이 자 재 력   영 일 체 세 계   전 전 상 입
以自在力으로 **令一切世界**로 **展轉相入**하며

자유자재한 힘으로 일체 세계가 차례차례 서로 들어
가게 합니다.

어 일 체 세 계   처 처 수 생   견 일 체 세 계   종
於一切世界에 **處處受生**하며 **見一切世界**의 **種**

종 형 상
種形相하며

일체 세계의 곳곳마다 태어나서 일체 세계의 갖가지
형상을 봅니다.

어미세경　현광대찰
於微細境에 **現廣大刹**하며

미세한 경계에 광대한 세계를 나타냅니다.

어광대경　현미세찰
於廣大境에 **現微細刹**하며

광대한 경계에 미세한 세계를 나타냅니다.

어일불소일념지경　득일체불위신소가
於一佛所一念之頃에 **得一切佛威神所加**하야

보견시방　무소미혹　어찰나경　실능왕예
普見十方하야 **無所迷惑**하며 **於刹那頃**에 **悉能往詣**

하나니

한 부처님 계신 데서 잠깐 동안에 모든 부처님의 위
신력으로 가피함을 얻어 널리 시방세계를 보는 데 미혹
이 없어서 잠깐 동안에 다 나아갈 수 있습니다.

여 시 등 일 체 보 살　　　만 서 다 림　　　개 시 여 래 위
如是等一切菩薩이 **滿逝多林**하니 **皆是如來威**

신 지 력
神之力이러라

이와 같은 등 모든 보살이 서다림에 가득 찼으니, 이
것은 모두 여래의 위신력이었습니다.

불교가 그려 낸 가장 이상적인 인격자 보살의 덕을 어찌
34구절로 다 찬탄할 수 있겠는가. 바닷물을 먹으로 삼아
다 마를 때까지 찬탄한다 하더라도 다하지 못할 것이다.

법의 세계에 들어간 내용[入法界品]을 근본자리에서 한꺼번
에 나타내면 이와 같다고 할 수 있다. 곧 근본법문이다. 다
시 낱낱이 사람에 의지하여 깨달아 들어가는 내용이 곧 지
말법문枝末法文으로서 선재동자가 53선지식을 친견하면서 배
워 가는 내용들이다.

5. 하열함을 들어서 수승함을 나타내다

1) 여래의 경계와 보살의 경계를 보지 못하는 성문들

어시 상수제대성문 사리불 대목건련
於時에 **上首諸大聲聞**인 **舍利弗**과 **大目犍連**과

마하가섭 이바다 수보리 아누루타 난타
摩訶迦葉과 **離婆多**와 **須菩提**와 **阿㝹樓馱**와 **難陀**

겁빈나 가전연 부루나등 제대성문 재
와 **劫賓那**와 **迦旃延**과 **富樓那等**의 **諸大聲聞**이 **在**

서다림
逝多林호대

이때에 상수上首인 여러 큰 성문인 사리불과 대목건
련과 마하가섭과 이바다와 수보리와 아누루타와 난타와
겁빈나와 가전연과 부루나 등 모든 큰 성문들이 서다림
에 있었습니다.

하열한 성문들의 근기를 들어서 수승한 보살들의 근기를 나타내는 부분이다. 화엄경은 대승보살불교를 선양하는 가르침이다. 그러므로 소승성문들을 등장시킴으로써 대승보살이 크게 드러나기 때문이다. 소승성문으로서는 세존의 10대 제자가 그 대표다. 이들을 여기에 등장시켜서 비록 10대 제자라 하더라도 성문들은 부처님이나 보살들의 경지를 알지 못하고 보지 못한다고 함으로써 후기에 발달한 대승불교와 소승불교, 내지 초기근본불교와의 차이점을 확실하게 하고자 한 것이다.

2) 여래의 경계

개 실 불 견 여 래 신 력
皆悉不見如來神力과

여 래 엄 호
如來嚴好와

여 래 경 계
如來境界와

여 래 유 희
如來遊戲와

여 래 신 변
如來神變과

여 래 존 승
如來尊勝과

여 래 묘 행
如來妙行과

여 래 위 덕
如來威德과

여 래 주 지
如來住持와

여 래 정 찰
如來淨刹하나니라

모두 여래의 신통한 힘과, 여래의 잘생긴 모습과, 여래의 경계와, 여래의 유희와, 여래의 신통변화와, 여래의 높으심과, 여래의 묘한 행과, 여래의 위덕과, 여래의 머물러 지니심과, 여래의 청정한 세계를 보지 못하였습니다.

3) 보살의 경계

역부불견불가사의보살경계　보살대회　보
亦復不見不可思議菩薩境界와 菩薩大會와 菩

살보입　보살보지　보살보예　보살신변　보
薩普入과 菩薩普至와 菩薩普詣와 菩薩神變과 菩

살유희　보살권속　보살방소　보살장엄사자
薩遊戲와 菩薩眷屬과 菩薩方所와 菩薩莊嚴獅子

좌
座와

또 불가사의한 보살의 경계와, 보살의 대회와, 보살의 두루 들어감과, 보살의 널리 모여 옴과, 보살의 널리 나아감과, 보살의 신통변화와, 보살의 유희와, 보살의

권속과, 보살의 방소方所와, 보살의 장엄한 사자좌와,

보살궁전　　보살주처　　보살소입삼매자재
菩薩宮殿과 菩薩住處와 菩薩所入三昧自在와

보살관찰　　보살빈신　　보살용맹　　보살공양
菩薩觀察과 菩薩頻申과 菩薩勇猛과 菩薩供養과

보살수기　　보살성숙　　보살용건　　보살법신청
菩薩受記와 菩薩成熟과 菩薩勇健과 菩薩法身淸

정
淨과

　　보살의 궁전과, 보살의 계신 곳과, 보살의 들어간 삼
매의 자재함과, 보살의 관찰과, 보살의 기운 뻗음과, 보
살의 용맹과, 보살의 공양과, 보살의 수기받음과, 보살
의 성숙함과, 보살의 용건함과, 보살의 청정한 법신과,

보살지신원만　　보살원신시현　　보살색신성
菩薩智身圓滿과 菩薩願身示現과 菩薩色身成

취 　 보 살 제 상 구 족 청 정 　 보 살 상 광 중 색 장 엄
就와 菩薩諸相具足淸淨과 菩薩常光衆色莊嚴과

보 살 방 대 광 망 　 보 살 기 변 화 운 　 보 살 신 변 시
菩薩放大光網과 菩薩起變化雲과 菩薩身徧十

방 　 보 살 제 행 원 만
方과 菩薩諸行圓滿하나니라

　　보살의 지혜의 몸이 원만함과, 보살의 원하는 몸으
로 나타남과, 보살의 육신을 성취함과, 보살의 모든 모
습이 구족히 청정함과, 보살의 항상 있는 광명이 여러
빛으로 장엄함과, 보살이 놓는 큰 광명의 그물과, 보살
이 일으키는 변화하는 구름과, 보살의 몸이 시방에 두
루 함과, 보살의 모든 행이 원만함을 보지 못하였습니다.

　　여 시 등 사 　 일 체 성 문 제 대 제 자 　 개 실 불 견
如是等事를 一切聲聞諸大弟子가 皆悉不見하나
니라

　　이와 같은 일들을 모든 성문 큰 제자들이 다 보지 못
하였습니다.

4) 여래의 경계와 보살의 경계를 보지 못하는 이유

(1) 과거의 인연

하 이 고   이 선 근 부 동 고
何以故오 **以善根不同故**며

왜냐하면 착한 뿌리가 같지 않은 연고입니다.

큰 성문 제자들이 여래의 경계와 보살의 경계를 보지 못하는 이유를 과거의 인연과 현재의 인연을 들어서 밝힌다.

청량스님은 소疏에서, "제3, 여래의 경계를 보지 못하는 이유는 모두가 근본을 폐해 버리고 자취만을 좇아가기 때문이니, 일불승의 인과를 나타냄으로써 깊고 깊음을 함께하지 못한 것이다. 모든 후학을 독려하여 원인의 종자를 익히게 한 것이다.

글 가운데 둘이니, 먼저는 묻고 뒤의 '선근이 같지 않기 때문이다' 이하는 해석이다. 묻는 뜻을 말하면, '몸은 기원정사에 있고 눈은 세존의 법회를 대면하고 있으나 그러나 신통과 변화를 보지 못한다.' 그 까닭은 무엇인가. 뜻을 해석하여 말하되, '저 부처님이나 보살의 경계가 수승하여 숙세의

인연과 현세의 인연이 모두 다 부족하기 때문이다. 그것은
마치 해와 달이 하늘에서 빛나는데 맹인은 보지 못하는 격이
며, 우레 소리가 땅을 진동해도 귀가 어두운 사람은 듣지 못
하는 격이다. 도가 계합하면 이웃이지만 몸이 가까이 있는
것은 아닌 까닭이다. 보살은 먼 곳에서부터 이르러 왔으나
성문들은 법회 가운데 있어도 알지 못한 것이다. 경문이 스
스로 널리 해석하였다."[5]라고 하였다.

본 불 수 습 견 불 자 재 선 근 고
本不修習見佛自在善根故며

본래부터 부처님을 뵈옵는 자재한 착한 뿌리를 닦아
익히지 않은 연고입니다.

모든 사람 모든 생명을 부처님으로 보아 그들의 불성 속

---

5) 第三, 不見所由者 : 然皆廢本從迹. 以顯一乘因果, 不共深玄. 篤諸後學, 令
  習因種. 文中二 : 先徵. 後【以善根不同故】下, 釋. 徵意云 : 身廁祇園. 目對
  尊會. 而莫覩神變. 其故何耶. 釋意云 : 彼境殊勝. 宿因現緣. 並皆缺故. 其猶
  日月麗天, 盲者不覩. 雷霆震地, 聾者不聞. 道契則隣. 不在身近故. 菩薩自遠
  而至. 聲聞在會不知. 文自廣釋.

에 본래 갖춘 육바라밀과 사섭법과 사무량심 등의 선근을 닦아 드러내지 않는다면 어찌 진정한 불법을 아는 사람이라 하겠는가.

본 불 찬 설 시 방 세 계 일 체 불 찰 청 정 공 덕 고
本不讚說十方世界一切佛刹淸淨功德故며

본래부터 시방세계 모든 부처님 국토의 청정한 공덕을 찬탄하여 말하지 않은 연고입니다.

시방세계 모든 부처님 국토의 청정한 공덕, 즉 온 세상을 아름답게 보고 긍정적으로 보는 안목이 없다면 어찌 불법을 알 수 있겠는가.

본 불 칭 탄 제 불 세 존 종 종 신 변 고
本不稱歎諸佛世尊種種神變故며

본래부터 모든 부처님 세존의 갖가지 신통과 변화를 칭찬하지 않은 연고입니다.

모든 부처님 세존과 아울러 일체 중생의 진여불성과 본래 열반의 공덕을 찬탄하지 않는다면 무슨 불법을 아는 사람이라 하겠는가.

본 불 어 생 사 유 전 지 중　　발 아 녹 다 라 삼 먁 삼
本不於生死流轉之中에 **發阿耨多羅三藐三**

보 리 심 고
菩提心故며

본래부터 생사에서 헤매는 가운데서 아뇩다라삼먁삼보리심을 내지 않은 연고입니다.

본래 보리심이란 생사에서 헤매면서 내는 것이다. 중생들의 생사고락을 버리고 무슨 보리심을 발할 것인가.

본 불 령 타　　주 보 리 심 고
本不令他로 **住菩提心故**며

본래부터 다른 이를 보리심에 머물게 하지 못한 연

고입니다.

보리심은 곧 이타심이다. 자신 스스로 이타심이 없는데 어찌 다른 사람을 가르쳐서 이타심에 머물게 할 수 있겠는가.

본 불 능 령 여 래 종 성　　부 단 절 고
本不能令如來種性으로 **不斷絶故**며

본래부터 여래의 종자를 끊어지지 않게 하지 못한 연고입니다.

여래의 종자를 끊어지지 않게 하려면 여래를 잘 알아야 한다. 여래의 경계를 모르는데 어찌 여래의 종자를 끊어지지 않게 할 수 있겠는가.

본 불 섭 수 제 중 생 고
本不攝受諸衆生故며

본래부터 중생들을 거두어 주지 못한 연고입니다.

자기 한 몸 거두기도 바쁜데 어찌 다른 중생을 거두어 줄 마음이 있겠는가. 소승 아라한들에게 바랄 일이 아니다.

본 불 권 타　　수 습 보 살 바 라 밀 고
本不勸他하야 **修習菩薩波羅蜜故**며

본래부터 다른 이를 권하여 보살의 바라밀다를 닦게 하지 못한 연고입니다.

스스로 보살의 바라밀을 모르는데 어찌 다른 사람에게 권하여 보살의 바라밀을 닦게 할 수 있겠는가.

본 재 생 사 유 전 지 시　　불 권 중 생　　구 어 최 승
本在生死流轉之時에 **不勸衆生**하야 **求於最勝**

대 지 안 고
大智眼故며

본래부터 생사에서 헤매면서 중생에게 권하여 가장 훌륭한 큰 지혜의 눈을 구하게 하지 못한 연고입니다.

생사의 바다에서 헤맬 때에야 비로소 큰 지혜의 눈을 뜨게 된다. 생사라면 원수같이 보고 징그러운 뱀을 보듯이 하는 이들이 어찌 가장 수승하고 큰 지혜의 눈을 구할 수 있겠는가. 다른 중생들에게 권하는 일은 상상도 못할 일이다.

본 불 수 습 생 일 체 지 제 선 근 고
本不修習生一切智諸善根故며

본래부터 온갖 지혜를 내는 모든 착한 뿌리를 닦지 아니한 연고입니다.

본 불 성 취 여 래 출 세 제 선 근 고
本不成就如來出世諸善根故며

본래부터 여래의 출세하는 모든 착한 뿌리를 성취하지 못한 연고입니다.

본 부 득 엄 정 불 찰 신 통 지 고
本不得嚴淨佛刹神通智故며

본래부터 부처님 세계를 장엄하는 신통과 지혜를 얻지 못한 연고입니다.

본부득제보살안소지경고
本不得諸菩薩眼所知境故며

본래부터 모든 보살의 눈으로 아는 경계를 얻지 못한 연고입니다.

본불구초출세간불공보리제선근고
本不求超出世間不共菩提諸善根故며

본래부터 세간에서 벗어나는 함께하지 않는 보리의 모든 착한 뿌리를 구하지 않은 연고입니다.

본불발일체보살제대원고
本不發一切菩薩諸大願故며

본래부터 모든 보살의 큰 서원을 내지 않은 연고입니다.

초기불교의 소승 아라한들은 아예 남을 생각하는 보살의 마음이 없다. 무슨 보살의 큰 서원을 발할 수 있겠는가. 석가세존은 80고령에도 자신이 깨달은 진리를 다른 중생들에게 가르치려고 그토록 노력하였건만 소승 아라한들은 다른 중생을 가르치려는 보살의 마음이 그렇게도 없어서 대승 보살들로부터 이와 같은 비판을 듣는가.

본 부 종 여 래 가 피 지 소 생 고
本不從如來加被之所生故며

본래부터 여래의 가피로부터 나지 아니한 연고입니다.

본 부 지 제 법 여 환　보 살 여 몽 고
本不知諸法如幻하고 **菩薩如夢故**며

본래부터 모든 법이 환상과 같고 보살이 꿈과 같음을 알지 못한 연고입니다.

본부득제대보살 　광대환희고
本不得諸大菩薩의 廣大歡喜故니

본래부터 여러 큰 보살의 광대한 환희를 얻지 못한
연고입니다.

여시 　개시보현보살지안경계 　불여일체
如是가 皆是普賢菩薩智眼境界라 不與一切

이승소공
二乘所共일새

이와 같은 것이 다 보현보살의 지혜 눈의 경계로서
모든 이승二乘과 함께하지 않는 것입니다.

이시인연 　제대성문 　불능견 　불능지
以是因緣으로 諸大聲聞이 不能見하며 不能知하며

불능문 　불능입 　불능득 　불능념 　불능
不能聞하며 不能入하며 不能得하며 不能念하며 不能

관찰 　불능주량 　불능사유 　불능분별
觀察하며 不能籌量하며 不能思惟하며 不能分別하나니

시고 수재서다림중 불견여래제대신변
是故로 雖在逝多林中이나 不見如來諸大神變이니라

이러한 인연으로 여러 큰 성문들이 능히 보지도 못하고, 능히 알지도 못하고, 능히 듣지도 못하고, 능히 들어가지도 못하고, 능히 얻지도 못하고, 능히 기억하지도 못하고, 능히 관찰하지도 못하고, 능히 요량하지도 못하고, 능히 생각하지도 못하고, 능히 분별하지도 못하였습니다. 그래서 비록 서다림에 있으면서도 여래의 여러 가지 큰 신통변화를 보지 못하였습니다.

자기의 안녕과 자기의 열반만을 얻으려는 소승 아라한들과 남을 먼저 생각하고 다른 이를 먼저 이롭게 하고 불쌍한 중생을 먼저 돌보려는 대승보살들의 길은 이와 같이 다르다는 것을 구체적인 10대 제자의 이름을 거명하고 구체적인 행위를 낱낱이 들어 가면서 밝혔다.

대만의 증엄(證嚴, 1937년 5월 4일생)스님은 불교의 밥을 먹고 불자들의 돈으로 기독교 교회를 지어 주고, 성당을 세워 주고, 회교 사원까지 지어 주지 않았던가. 진정한 대승보살은 이와 같은 사람이다. 또 증엄스님은 보천삼무普天三無[6]라는 기치를 내걸고 자비행을 실천하고 있다.

"천하에 내가 사랑하지 않는 사람이 없기를.

천하에 내가 믿지 않는 사람이 없기를.

천하에 내가 용서하지 않는 사람이 없기를.

마음의 번뇌와 원망, 근심을 버리고 만인을 사랑하는 마음이 허공 가득 다함이 없기를."

평소 위와 같은 말씀을 몸소 실천하고 계신 분이다. 사랑으로 세상을 윤택하게 가꾸며 살아가는 분이다. 이것이 대승보살불교의 본보기이다.

(2) 현재의 인연

復^부次^차諸^제大^대聲^성聞^문이 無^무如^여是^시善^선根^근故^고며 無^무如^여是^시智^지眼^안

故^고며 無^무如^여是^시三^삼昧^매故^고며 無^무如^여是^시解^해脫^탈故^고며 無^무如^여是^시神^신

通^통故^고며 無^무如^여是^시威^위德^덕故^고며 無^무如^여是^시勢^세力^력故^고며 無^무如^여是^시

---

6) 보천하몰유아불애적인普天下沒有我不愛的人, 보천하몰유아불신임적인普天下沒有我不信任的人, 보천하몰유아불원량적인普天下沒有我不原諒的人.

자 재 고　　무 여 시 주 처 고　　무 여 시 경 계 고
自在故며 **無如是住處故**며 **無如是境界故**라

　또 여러 큰 성문들은 이와 같은 착한 뿌리가 없고, 이
와 같은 지혜의 눈이 없고, 이와 같은 삼매가 없고, 이
와 같은 해탈이 없고, 이와 같은 신통이 없고, 이와 같
은 위덕이 없고, 이와 같은 세력이 없고, 이와 같은 자
재함이 없고, 이와 같은 머물 곳이 없고, 이와 같은 경
계가 없는 까닭입니다.

　앞에서는 소승 아라한들이 대승보살도를 알지 못하고
보지 못하는 까닭에 대해서 과거의 인연을 밝혔고, 이제 현
재의 인연을 밝힌다.

시 고　　어 차　　불 능 지　　　불 능 견　　　불 능 입
是故로 **於此**에 **不能知**하며 **不能見**하며 **不能入**하며

불 능 증　　　불 능 주　　　불 능 해　　　불 능 관 찰　　　불
不能證하며 **不能住**하며 **不能解**하며 **不能觀察**하며 **不**

능 인 수　　　불 능 취 향　　　불 능 유 리
能忍受하며 **不能趣向**하며 **不能遊履**하며

그러므로 이것을 능히 알지 못하고, 능히 보지 못하고, 능히 들어가지 못하고, 능히 증득하지 못하고, 능히 머물지 못하고, 능히 이해하지 못하고, 능히 관찰하지 못하고, 능히 견디어 받지 못하고, 능히 나아가지 못하고, 능히 다니며 밟지 못합니다.

우 역 불 능 광 위 타 인　개 천 해 설　칭 양 시
又亦不能廣爲他人하야 開闡解說하며 稱揚示

현　인 도 권 진　영 기 취 향　영 기 수 습　영
現하며 引導勸進하야 令其趣向하며 令其修習하며 令

기 안 주　영 기 증 입
其安住하며 令其證入이니

또 다른 이들을 위하여 열어 보이고, 해설하고, 찬탄하고, 나타내 보이고, 인도하여 나아가게 하지 못하며, 향하여 가게 하고, 닦아 익히게 하고, 편안히 머물게 하고, 증득하여 들어가게 하지 못하였습니다.

하 이 고　제 대 제 자　의 성 문 승　이 출 리 고
何以故오 **諸大弟子**가 **依聲聞乘**하야 **而出離故**로

성 취 성 문 도　만 족 성 문 행　안 주 성 문 과
成就聲聞道하며 **滿足聲聞行**하며 **安住聲聞果**하며

왜냐하면 모든 큰 제자들이 성문승聲聞乘을 의지하여
벗어났으므로 성문의 도를 성취하고 성문의 행을 만족
하고 성문의 과보에 머무릅니다.

어 무 유 제　득 결 정 지　　상 주 실 제　　구 경
於無有諦에 **得決定智**하며 **常住實際**하며 **究竟**

적 정　　원 리 대 비　　사 어 중 생　　주 어 자 사
寂靜하며 **遠離大悲**하며 **捨於衆生**하며 **住於自事**일새

'없다 있다' 하는 진리에 결정한 지혜를 얻고, 실제
에 항상 머물러서 끝까지 고요하며, 크게 가엾이 여김을
멀리 떠나서 중생을 버리고 자기의 일에만 머무릅니다.

성문승과 성문도와 성문행과 성문과의 특징에 대해서 분
명하게 밝혔다. 첫째, '없다 있다' 하는 진리는 고정된 것이
아니어서 있음이 없음이고 없음이 있음이라는 사실을 모르

는 것이다. 반야심경에 색이 즉시 공이고 공이 즉시 색이라고 하였다. 또 실제에 항상 머무른다는 것은 진여자성에만 머물고 진여자성에 머문 채 진여자성의 작용을 일으키지 못한다는 뜻이다. 견성見性, 즉 참성품만을 보고 그 참성품에 항상 주저앉아 있다는 뜻이다. 또 끝까지 고요하다는 것은 열반을 증득하여 그 열반에 안주하고 더이상 중생을 위한 대자대비의 활동이 없으며 아예 중생을 버리고 자신의 안녕만을 즐긴다는 것이다. 이것이 소승 수행자들의 특징이다. 그래서 대승보살들의 비판을 막을 수 없었다.

유마경에서 유마거사라는 일개 세속인에게 세존의 10대 제자가 자신들의 수행에 대해서 사정없이 비난을 받은 적이 있어서 그가 병석에 있을 때 위문을 가라는 부처님의 명령을 한 사람도 받들지 못하고 결국 문수보살이 앞장서서 가게 된 이야기는 매우 유명하다.

어 피 지 혜   불 능 적 집   불 능 수 행   불 능
於彼智慧에 **不能積集**하며 **不能修行**하며 **不能**

안주　　불능원구　　불능성취　　불능청정
安住하며 **不能願求**하며 **不能成就**하며 **不能淸淨**하며

불능취입　　불능통달　　불능지견　　불능증
不能趣入하며 **不能通達**하며 **不能知見**하며 **不能證**

득
得이라

　　저 지혜는 능히 쌓아 모으지도 못하고, 능히 닦아 행
하지도 못하고, 능히 편안히 머물지도 못하고, 능히 원
하여 구하지도 못하고, 능히 성취하지도 못하고, 능히
청정케 하지도 못하고, 능히 들어가지도 못하고, 능히
통달하지도 못하고, 능히 알고 보지도 못하고, 능히 증
하여 얻지도 못하였습니다.

　　한마디로 불법은 지혜다. 자비의 실천도 지혜가 완전해
야 가능한 일이다. 그래서 부처님의 지혜나 보살의 지혜에
대해서 아무것도 할 수 없음을 밝혔다.

시고　　수재서다림중　　대어여래　　불견여
是故로 **雖在逝多林中**하야 **對於如來**나 **不見如**

시 광 대 신 변
是廣大神變이니라

그러므로 비록 서다림 안에 있으면서도 여래를 대하여 이렇게 광대한 신통변화를 보지 못하였습니다.

앞에서 먼저 밝혔듯이 10대 제자를 위시하여 5백 명의 성문은 비록 이 법회가 이뤄지고 있는 서다림에 부처님과 무수한 보살과 함께 있고 또 여래를 대면하고 있으면서도 이와 같은 부처님의 큰 신통변화와 보살들의 신통변화를 전혀 보지 못한 것이다.

(3) 열 가지 비유로써 나타내다

불 자   여 항 하 안   유 백 천 억 무 량 아 귀   나 형
佛子야 **如恒河岸**에 **有百千億無量餓鬼**가 **裸形**

기 갈   거 체 초 연   오 취 시 랑   경 래 박 촬
飢渴하며 **擧體焦然**하며 **烏鷲豺狼**이 **競來搏撮**하며

위 갈 소 핍   욕 구 수 음   수 주 하 변   이 불 견
爲渴所逼하야 **欲求水飮**하며 **雖住河邊**이나 **而不見**

河_{하며} 設有見者_{라도} 見其枯竭_{하나니} 何以故_오 深厚

하 설유견자 견기고갈 하이고 심후

業障之所覆故_{인달하야}

업 장 지 소 부 고

불자여, 마치 항하강의 언덕에 백천억 한량없는 아귀가 있으니, 맨몸뚱이에 굶주리고 목마르고 온몸에 불이 타며, 까마귀와 독수리와 승냥이와 이리들이 다투어와서 할퀴며, 기갈에 시달리어 물을 먹으려 할 때 비록 강가에 있으면서도 물을 보지 못하고 설사 물을 보더라도 물이 다 말랐으니, 무슨 까닭인가 하면 깊고 두터운 업장이 덮인 탓입니다.

열 가지 비유 중에 첫 번째 비유이다. 소승성문들은 대승보살의 높은 경지에 대해서 능히 알지 못하고, 능히 보지 못하고, 능히 들어가지 못하고, 능히 증득하지 못하고, 능히 머물지 못하고, 능히 이해하지 못하고, 능히 관찰하지 못하고, 능히 견디어 받지 못하고, 능히 나아가지 못하고, 능히 다니며 밟지 못함을 밝히고, 다시 열 가지 비유를 들어 더욱 분명하게 하였다.

그러므로 소승불교를 하는 사람과 대승보살불교를 하는 사람들은 처음부터 서로 간에 논의와 토론의 대상이 되지 않는다. 말을 섞으면 안 되는 사이다. 초기소승불교를 하는 사람들은 초기소승불교만 열심히 하고, 대승보살불교를 하는 사람들은 대승보살불교만 열심히 하면 된다. 만약 초기소승불교를 하는 사람이 대승보살불교에 대해서 물어 온다면 유마경과 법화경과 화엄경을 깊이 공부하기를 권할 뿐이다. 열 가지 비유를 읽으면 그 사실이 더욱 분명해진다.

피 대 성 문　　역 부 여 시　　　수 부 주 재 서 다 림 중
彼大聲聞도 **亦復如是**하야 **雖復住在逝多林中**

불 견 여 래 광 대 신 력　　　사 일 체 지　　　무 명
이나 **不見如來廣大神力**하나니 **捨一切智**하야 **無明**

예 막　　부 기 안 고　　부 증 종 식 살 바 야 지 제 선 근 고
翳膜이 **覆其眼故**며 **不曾種植薩婆若地諸善根故**
니라

저 큰 성문들도 또한 그와 같아서 비록 서다림에 있으면서도 여래의 광대한 신통의 힘을 보지 못하고 일체

지혜를 버리었으니 무명의 어두운 막이 눈을 덮은 탓이며, 일찍이 일체 지혜의 모든 착한 뿌리를 심지 못한 탓입니다.

열 가지 비유를 예로부터 모두 이름을 지어 표현하였다. 첫 번째는 '귀대항하유鬼對恒河喩'로서 아귀가 항하강을 대하고 있으나 기갈에 허덕이는 것에 비유하였다.

비 여 유 인　　어 대 회 중　　혼 수 안 침　　　홀 연 몽
譬如有人이 **於大會中**에 **昏睡安寢**이라가 **忽然夢**

견 수 미 산 정　　제 석 소 주 선 견 대 성　　궁 전 원 림
見須彌山頂에 **帝釋所住善見大城**의 **宮殿園林**이

종 종 엄 호
種種嚴好하며

비유컨대 어떤 사람이 여럿이 모인 데서 편안히 잠을 자다가 꿈을 꾸는데, 홀연히 꿈에 수미산 꼭대기의 제석천왕이 있는 선견대성善見大城을 보니 궁전과 동산 숲이 가지가지로 훌륭하게 장엄되었습니다.

두 번째 비유이다. '교몽상대유覺夢相對喩'로서 꿈을 꾸지 않는 사람과 꿈을 꾸는 사람의 차이점을 서로 비교하여 밝히는 비유이다. 여기에서 꿈을 꾸어서 화려한 경계를 보는 사람은 보살의 지혜의 경계에 비유되고 꿈을 꾸지 않으므로 화려한 경계를 보지 못하는 사람은 성문들의 지혜가 없음에 비유되었다.

天子天女의 百千萬億이 普散天花하야 徧滿其
地하며 種種衣樹가 出妙衣服하며 種種華樹가 開敷
妙華하며 諸音樂樹가 奏天音樂하며 天諸婇女가 歌
詠美音하며 無量諸天이 於中戲樂하고

천자와 천녀 백천만 억 사람들이 하늘 꽃을 널리 뿌려 땅에 가득하고, 여러 가지 의복 나무에서는 아름다운 의복이 나오고, 갖가지 꽃나무에서는 아름다운 꽃이 피고, 여러 음악 나무에서는 하늘 음악을 연주하고, 하늘 아씨들은 아름다운 음성으로 노래하고, 한량없는 천신들이 즐겁게 놉니다.

其人_이 自見着天衣服_{하고} 普於其處_에 住止周旋_{호대} 其大會中一切諸人_은 雖同一處_나 不知不見_{하나니} 何以故_오 夢中所見_이 非彼大衆_의 所能見故_{인달하야}

그 사람 자신도 하늘 옷을 입고 그곳에서 오고 가는 것을 보지마는 회중에 있는 모든 사람들은 비록 한 자리에 있으나 알지도 못하고 보지도 못하나니, 무슨 까닭인가 하면 꿈에 보는 것은 그 대중들이 능히 볼 수 있는 것이 아닌 연고입니다.

일체 보살 세간 제왕　　　역부여시　　　이구 적집
一切菩薩世間諸王도 亦復如是하야 以久積集

선근력고　　　발일체지광대원고　　　학습일체불공
善根力故며 發一切智廣大願故며 學習一切佛功

덕고　　수행 보살 장엄 도고
德故며 修行菩薩莊嚴道故며

　모든 보살과 세간 임금들도 또한 그와 같아서 본래
부터 착한 뿌리를 쌓은 힘 때문이며, 일체 지혜와 광대
한 원을 내었기 때문이며, 모든 부처님의 공덕을 닦았
기 때문이며, 보살의 장엄하는 도를 수행하였기 때문
이며,

원만 일체 지 지 법고　　만족 보현 제 행 원고　　취
圓滿一切智智法故며 滿足普賢諸行願故며 趣

입 일체 보살 지 지 고　　유희 일체 보살 소 주 제 삼
入一切菩薩智地故며 遊戲一切菩薩所住諸三

매고　　이능 관찰 일체 보살 지혜 경계 무 장애 고
昧故며 已能觀察一切菩薩智慧境界無障礙故라

　일체 지혜의 지혜 법을 원만하게 하였기 때문이며,

보현의 행과 원을 만족하게 하였기 때문이며, 모든 보살의 지혜의 경지에 들어갔기 때문이며, 모든 보살이 머무는 삼매에 유희하기 때문이며, 이미 능히 모든 보살의 지혜의 경계를 잘 관찰하여 걸림이 없기 때문입니다.

시 고　　실 견 여 래 세 존　　불 가 사 의 자 재 신 변
是故로 **悉見如來世尊**의 **不可思議自在神變**호대

일 체 성 문 제 대 제 자　　개 불 능 견　　　개 불 능 지
一切聲聞諸大弟子는 **皆不能見**하며 **皆不能知**하나니

이 무 보 살 청 정 안 고
以無菩薩淸淨眼故니라

그러므로 여래 세존의 불가사의하고 자유자재한 신통변화를 모두 보거니와, 일체 성문인 큰 제자들은 하나도 보지 못하고 알지 못하나니 보살의 청정한 눈이 없는 연고입니다.

비 여 설 산　　　구 중 약 초　　　양 의 예 피　　　실 능
譬如雪山에 **具衆藥草**하니 **良醫詣彼**하야 **悉能**

분별   기 제 포 렵 방 목 지 인   항 주 피 산   불
分別이어니와 其諸捕獵放牧之人은 恒住彼山호대 不

견 기 약
見其藥인달하야

비유하면 마치 설산에 여러 가지 약초가 많이 있거
든 훌륭한 의사가 거기에 가면 모두를 잘 알지마는 모
든 사냥꾼이나 목동들은 그 산에 항상 있으면서도 약초
를 보지 못하는 것과 같습니다.

세 번째 비유는 '우대설산유愚對雪山喩'로서 어리석은 사람
은 설산을 대하고 있으나 설산의 약초들을 전혀 알지 못하
는 것에 비유하였다.

차 역 여 시   이 제 보 살   입 지 경 계   구 자
此亦如是하야 以諸菩薩은 入智境界하야 具自

재 력   능 견 여 래 광 대 신 변
在力일새 能見如來廣大神變이어니와

이 일도 또한 그와 같아서 모든 보살들은 지혜의 경

계에 들어가서 자유자재한 힘을 갖추었으므로 능히 여래의 광대한 신통변화를 봅니다.

제대제자　유구자리　불욕이타　유구
諸大弟子는 **唯求自利**하고 **不欲利他**하며 **唯求**
자안　불욕안타　수재림중　부지불견
自安하고 **不欲安他**일새 **雖在林中**이나 **不知不見**이니라

그러나 모든 큰 제자들은 오직 자기 이익만 구하고 다른 이는 이익하게 하려 하지 않으며, 오직 자기만 편안하려 하고 다른 이는 편안케 하려 하지 않으므로 비록 서다림 속에 있으면서도 알지도 못하고 보지도 못합니다.

비여지중　유제보장　종종진이　실개충
譬如地中에 **有諸寶藏**하야 **種種珍異**가 **悉皆充**
만　유일장부　총혜명달　선능분별일체
滿이어든 **有一丈夫**가 **聰慧明達**하야 **善能分別一切**

복장　　기인　　부유대복덕력　　능수소욕
伏藏하며 其人이 復有大福德力하야 能隨所欲하야

자재이취　　봉양부모　　진휼친속　　노병궁
自在而取하야 奉養父母하고 賑恤親屬하며 老病窮

핍　미불균섬　　기무지혜무복덕인　수역지
乏에 靡不均贍호대 其無智慧無福德人은 雖亦至

어보장지처　　부지불견　　부득기익
於寶藏之處나 不知不見하야 不得其益인달하야

비유컨대 마치 땅속에 여러 가지 보물과 가지가지
귀중한 보배가 가득 찼는데, 어떤 한 대장부가 총명하
고 지혜가 있으며 모든 묻힌 보물을 잘 알고, 그 사람
은 또 큰 복덕의 힘이 있으므로 능히 하고자 하는 대로
마음대로 가져다가 부모를 봉양하고 친족들에게 나누
어 주고 병들고 늙고 곤궁한 이들을 구하지마는, 지혜
가 없고 복덕이 없는 사람은 비록 보물이 묻힌 곳에 가
더라도 알지 못하고 보지 못하여 이익을 얻지 못하는
것과 같습니다.

네 번째 비유는 '복장난지유伏藏難知喩'로서 땅속에 보물이

묻혀 있으나 지혜가 없고 복덕이 없는 사람은 알지 못한다는 비유이다.

차역여시　　제대보살　　유정지안　　능입
此亦如是하야 諸大菩薩은 有淨智眼하야 能入

여래불가사의심심경계　　능견불신력　　능
如來不可思議甚深境界하며 能見佛神力하며 能

입제법문　　능유삼매해　　능공양제불　　능
入諸法門하며 能遊三昧海하며 能供養諸佛하며 能

이정법　　개오중생　　능이사섭　　섭수중생
以正法으로 開悟衆生하며 能以四攝으로 攝受衆生

　　　　　　제대성문　　불능득견여래신력　　역불능
이어니와 諸大聲聞은 不能得見如來神力하며 亦不能

견제보살중
見諸菩薩衆이니라

　이 일도 또한 그와 같아서 모든 큰 보살들은 깨끗한 지혜의 눈이 있으므로 여래의 불가사의한 깊은 경계에 들어가서 부처님의 신통한 힘을 보며, 여러 가지 법문에 들어가며, 삼매의 바다에서 놀며, 모든 부처님께 공양하며, 능히 바른 법으로 중생을 깨우치며, 네 가지 거두어 주는 법으로 중생을 거두어 주거니와, 모든 큰 성문들은 여래의 신통한 힘을 보지도 못하고 또한 보살 대중을 보지도 못합니다.

譬如盲人이 至大寶洲하야 若行若住하며 若坐
若臥호대 不能得見一切衆寶하나니 以不見故로 不
能採取하며 不得受用인달하야

비유컨대 마치 눈먼 사람이 보배가 많은 섬에 가서 다니고 머물고 앉고 누우면서도 모든 보배를 보지 못하며, 보지 못하므로 가져가지 못하고 사용하지 못하는 것과 같습니다.

다섯 번째 비유는 '맹불견보유盲不見寶喩'로서 눈이 먼 사람은 보배가 많은 섬에서 다니고 머물고 앉고 눕고 하더라도 그 보물을 보지 못하고 알지 못한다는 비유이다.

차 역 여 시　　제 대 제 자　　수 재 림 중　　친 근
此亦如是하야 諸大弟子가 雖在林中하야 親近

세 존　　불 견 여 래 자 재 신 력　　역 부 득 견 보 살
世尊이나 不見如來自在神力하며 亦不得見菩薩

대 회　　하 이 고　　무 유 보 살 무 애 정 안　　불 능
大會하나니 何以故오 無有菩薩無礙淨眼하야 不能

차 제 오 입 법 계　　견 어 여 래 자 재 력 고
次第悟入法界하며 見於如來自在力故니라

이 일도 또한 그와 같아서 모든 큰 제자들이 비록 서
다림 속에서 세존을 친근하면서도 여래의 자유자재한
신통을 보지 못하며 또한 보살 대중도 보지 못하나니,
무슨 까닭인가 하면 보살의 걸림 없는 깨끗한 눈이 없
어서 차례차례로 법계에 깨달아 들어가지 못하고 여래
의 자재한 힘을 보지 못하는 탓입니다.

비 여 유 인　　득 청 정 안　　명 이 구 광 명　　일 체
譬如有人이 得淸淨眼하니 名離垢光明이니 一切

암 색　　불 능 위 장　　이 시 피 인　　어 야 암 중　　처
暗色이 不能爲障이라 爾時彼人이 於夜暗中에 處

재 무 량 백 천 만 억 인 중 지 내　　혹 행 혹 주　　혹
在無量百千萬億人衆之內_{하야} 或行或住_{하며} 或

좌 혹 와　　피 제 인 중　형 상 위 의　차 명 안 인
坐或臥_{할새} 彼諸人衆_의 形相威儀_는 此明眼人_이

막 불 구 견　　기 명 안 자　위 의 진 퇴　피 제 인
莫不具見_{이어니와} 其明眼者_의 威儀進退_는 彼諸人

중　실 불 능 도
衆_이 悉不能覩_{인달하야}

　　비유컨대 어떤 사람이 때를 여읜 광명이라는 청정한
눈을 얻으니 일체 어두움이 능히 장애하지 못하므로, 그
때에 그 사람이 캄캄한 밤중에 백천만 억 사람이 있는
곳에서 가고 머물고 앉고 누우면서 여러 사람의 형상과
위의威儀를 이 눈 밝은 사람은 능히 보지마는, 이 눈 밝
은 이의 오고 가는 행동은 저 여러 사람들이 보지 못하
는 것과 같습니다.

　　여섯 번째 비유는 '정안무장유淨眼無障喩'로서 때를 여읜 광
명이라는 청정한 눈을 얻은 사람과 보통 사람의 보는 차이
를 들어 비유하였다. 소승성문과 부처님이나 대승보살이 이

와 같다.

　불 역 여 시　　성 취 지 안 청 정 무 애　　실 능 명
佛亦如是하야 成就智眼淸淨無礙하사 悉能明

견 일 체 세 간　　기 소 시 현 신 통 변 화　　대 보 살 중
見一切世間이나 其所示現神通變化와 大菩薩衆

　소 공 위 요　　제 대 제 자　　실 불 능 견
의 所共圍繞는 諸大弟子가 悉不能見이니라

　부처님도 또한 그와 같아서 청정하여 걸림이 없는
지혜의 눈을 성취하여 일체 세간을 모두 밝게 보지마
는 그 나타내 보이는 신통과 변화와 큰 보살이 함께 둘
러싸고 있는 모습은 모든 큰 제자들이 전혀 볼 수 없
습니다.

　비 여 비 구　　재 대 중 중　　입 변 처 정　　소 위 지
譬如比丘가 在大衆中하야 入徧處定하나니 所謂地

변 처 정　　수 변 처 정　　화 변 처 정　　풍 변 처 정　　청
徧處定과 水徧處定과 火徧處定과 風徧處定과 靑

변처정   황변처정   적변처정   백변처정   천
偏處定과 黃偏處定과 赤偏處定과 白偏處定과 天

변처정   종종중생신변처정   일체어언음성변
偏處定과 種種衆生身偏處定과 一切語言音聲偏

처정   일체소연변처정
處定과 一切所緣偏處定이라

비유컨대 비구가 대중들 가운데 있어서 모든 곳에
두루 한 선정인 변처정偏處定에 들어가나니, 이른바 땅
변처정과, 물 변처정과, 불 변처정과, 바람 변처정과,
청색 변처정과, 황색 변처정과, 적색 변처정과, 백색 변
처정과, 하늘 변처정과, 가지가지 중생의 몸 변처정과,
모든 말과 음성 변처정과, 일체 반연할 변처정입니다.

일곱 번째 비유는 '변처정경유偏處定境喻'로서 비구가 어떤
곳이든 두루 다 들어가는 선정에서 모든 것을 다 본다는 비
유이다.

입차정자   견기소연   기여대중   실불
入此定者는 見其所緣하나니 其餘大衆은 悉不

능견　　유제유주차삼매자
能見이요 **唯除有住此三昧者**인달하야

이 선정에 든 이는 그 반연함을 보지마는 다른 대중
은 모두 보지 못하나니, 오직 이 삼매에 머무른 이만이
볼 수 있습니다.

여래소현불가사의제불경계　역부여시
如來所現不可思議諸佛境界도 **亦復如是**하야

보살　구견　　성문　막도
菩薩은 **具見**호대 **聲聞**은 **莫覩**니라

여래가 나타내는 바 불가사의한 모든 부처님의 경계
도 또한 그와 같아서 보살들은 다 보지마는 성문들은
보지 못합니다.

비여유인　이예형약　　자도기안　　재어중
譬如有人이 **以翳形藥**으로 **自塗其眼**하고 **在於眾**

회　　거래좌립　무능견자　　이능실도중회
會하야 **去來坐立**에 **無能見者**로대 **而能悉覩眾會**

대방광불화엄경 강설

중사
中事인달하야

비유컨대 어떤 사람이 몸 숨기는 약을 스스로 눈에 바르고 대중 가운데서 오고 가고 앉고 서도 보는 이가 없지마는 그러나 능히 대중의 하는 일은 모두 보는 것과 같습니다.

여덟 번째 비유는 '묘약예형유妙藥翳形喻'로서 약을 눈에 바르면 자신의 형상은 숨기지만 다른 일들은 다 볼 수 있다는 비유이다.

응 지 여 래　　　역 부 여 시　　　초 과 어 세　　　보 견
應知如來도 **亦復如是**하야 **超過於世**하사 **普見**

세 간　　　비 제 성 문　　　소 능 득 견　　　유 제 취 향 일
世間하나니 **非諸聲聞**의 **所能得見**이요 **唯除趣向一**

체 지 경 제 대 보 살
切智境諸大菩薩이니라

응당히 아십시오. 여래도 또한 그와 같아서 세간을

초월하고서도 세간 일을 두루 보거니와 모든 성문들은 보지 못하나니, 오직 일체 지혜의 경계에 나아가는 큰 보살들은 볼 수 있습니다.

여인   생이   즉유이천   항상수축   일 왈
如人이 **生已**에 **則有二天**이 **恒相隨逐**하나니 **一日**
동생   이왈동명   천상견인   인불견천
同生이요 **二日同名**이라 **天常見人**호대 **人不見天**인달
하야

마치 사람이 태어나면 두 천신이 항상 따라다니나니, 하나는 같이 남[同生]이요 둘은 같은 이름[同名]이라. 이 천신은 항상 사람을 보아도 사람은 이 천신을 보지 못하는 것과 같습니다

아홉 번째 비유는 '이천수인유二天隨人喩'로서 두 천신이 항상 따라다닌다는 비유이다.

응지여래　역부여시　재제보살대집회중
應知如來도 亦復如是하야 在諸菩薩大集會中

현대신통　제대성문　실불능견
하사 現大神通하사대 諸大聲聞은 悉不能見이니라

응당히 아십시오. 여래도 또한 그와 같아서 모든 보
살들 가운데서 큰 신통을 나타내는 것을 모든 큰 성문
들은 모두 보지 못합니다.

비여비구　득심자재　입멸진정　육근작
譬如比丘가 得心自在하야 入滅盡定에 六根作

업　개실불행　일체어언　부지불각　정역
業이 皆悉不行하며 一切語言을 不知不覺호대 定力

지고　불반열반
持故로 不般涅槃인달하야

비유컨대 어떤 비구가 마음이 자유자재함을 얻어 모
든 것이 다 없어진 선정[滅盡定]에 들어가면 여섯 감관으
로 짓는 업을 모두 행하지 않고 모든 말을 알지도 못하
고 깨닫지 못하지마는 선정의 힘으로 유지되는 연고로
열반에 들지 않습니다.

열 번째 비유는 '멸정불행유滅定不行喩'로서 멸진정에 들어서 육근이 행하지 않지만 선정의 힘으로 아주 열반에 들지는 않는다는 비유이다.

一切聲聞도 亦復如是하야 雖復住在逝多林中하야 具足六根이나 而不知不見不解不入如來自在菩薩衆會諸所作事하나니라

모든 성문도 또한 그와 같아서 비록 서다림 속에 있으면서 여섯 감관을 갖추었지마는 여래의 자재하심과 보살 대중이 짓는 모든 일을 알지 못하고, 보지 못하고, 이해하지 못하고, 들어가지 못합니다.

5) 열 가지 비유를 맺다

하이고   여래경계   심심광대   난견난지
何以故오 如來境界가 甚深廣大며 難見難知며

난측난량   초제세간   불가사의   무능괴자
難測難量이며 超諸世間이며 不可思議며 無能壞者

비시일체이승경계
며 非是一切二乘境界일새

무슨 까닭인가 하면 여래의 경계는 매우 깊고 광대
하여 보기 어렵고, 알기 어렵고, 측량하기 어렵고, 헤아
리기 어려우며, 모든 세간을 초월하여 불가사의하며 능
히 파괴할 이가 없어서 모든 이승二乘들의 경계가 아닙
니다.

시고여래   자재신력   보살중회   급서다림
是故如來의 自在神力과 菩薩衆會와 及逝多林이

보변일체청정세계   여시등사   제대성문   실
普徧一切淸淨世界한 如是等事를 諸大聲聞이 悉

부 지 견   비 기 기 고
不知見이니 **非其器故**니라

    그러므로 여래의 자유자재하신 신통한 힘과 보살 대중의 모임과 서다림이 모든 청정한 세계에 두루 하였지만 이와 같은 일을 여러 큰 성문들은 모두 알고 보지 못하나니 그 그릇이 아닌 까닭입니다.

    소승성문의 경계와 대승보살의 경계는 처음부터 차원이 다르다는 것을 누누이 강조하고 다시 열 가지 비유를 들어서 분명하게 밝히고 있다.

6. 시방의 보살들이 게송으로
덕을 찬탄하다

1) 동방의 비로자나원광명보살毘盧遮那願光明菩薩

이 시　비 로 자 나 원 광 명 보 살　　승 불 신 력　　관
爾時에 **毘盧遮那願光明菩薩**이 **承佛神力**하사 **觀**

찰 시 방　　이 설 송 언
察十方하고 **而說頌言**하사대

이때에 비로자나원광명보살毘盧遮那願光明菩薩이 부처님
의 위신력을 받들어 시방을 살펴보고 게송으로 말하였
습니다.

앞에서는 시방에서 무량무수한 보살 대중이 이 법회에
동참하기 위해 오신 것을 소개하였다. 멀고 먼 세계에서 많

고 많은 대중들이 와서 법회에 동참하였는데 어찌 가만히 있을 수 있겠는가. 열 방향에서 어마어마한 열 단체가 왔고, 또 그들에게는 그들을 인솔하는 상수보살이 있다. 열 방향의 상수보살들이 차례차례로 부처님의 덕을 찬탄하는 노래를 열 곡씩 부른다. 멀리서 왔는데 어찌 한 곡만 부르고 말겠는가. 첫 번째 동방 비로자나원광명보살의 노래다.

여 등 응 관 찰
汝等應觀察

불 도 부 사 의
佛道不思議하라

어 차 서 다 림
於此逝多林에

시 현 신 통 력
示現神通力이로다

그대들은 마땅히
부처님의 도가 부사의함을 살펴보라.
이 서다림에서
신통한 힘을 나타내 보이시도다.

선 서 위 신 력
善逝威神力으로

소 현 무 앙 수
所現無央數라

일 체 제 세 간
一切諸世間이

미 혹 불 능 료
迷惑不能了로다

잘 가신 이[善逝]의 위신의 힘으로

나타내심이 다함이 없어

일체 모든 세간이

미혹하여 능히 알지 못하도다.

부처님을 열 가지 이름으로 불러 그 덕을 표현하는데 그
가운데 '잘 가신 이'라는 뜻의 선서善逝가 있다. 선서는 부처
님의 열 가지 이름 가운데 하나로서 수가타須伽陀라 음역하
고, 호거好去·묘왕妙往이라고도 번역한다. 인因으로부터 과
果에 가기를 잘하여 돌아오지 않는다는 뜻이다. 부처님은 여
실히 저 언덕에 가서 다시 생사해生死海에 빠지지 않기 때문에
이렇게 이른다.

법왕 심 묘 법
法王深妙法이

무 량 난 사 의
無量難思議라

소 현 제 신 통
所現諸神通을

거 세 막 능 측
擧世莫能測이로다

법왕의 깊고 미묘한 법

한량이 없고 헤아릴 수 없어

나타내신 바의 여러 가지 신통을

온 세상에 측량할 이 없도다.

이 요 법 무 상
以了法無相일새

시 고 명 위 불
是故名爲佛이나

이 구 상 장 엄
而具相莊嚴하니

칭 양 불 가 진
稱揚不可盡이로다

법이 모양 없음을 알았으므로

그러므로 이름을 부처님이라 하지만

그러나 모양으로 장엄하심을

칭찬하여도 다할 수 없도다.

영명연수선사의 만선동귀중도송萬善同歸中道頌에 '감무신이

구상鑑無身而具相'이라는 말이 있다. 몸이 본래 없고 형상이 본래 없다는 사실을 환하게 비춰서 잘 알고 있으면서 온갖 모양을 갖추고 온갖 장엄을 다 한다. 그래서 세상에서 가장 아름다운 몸매와 상호를 지녔다. 심지어 관세음보살은 그 잘난 모습에다 온갖 진주 영락을 몸에 걸치고 짙은 화장까지 하셨다. 부처님이나 보살들이 어찌 법에 형상이 없음을 알지 못하여 그렇게까지 하였겠는가.

今於此林內에
示現大神力이
甚深無有邊하야
言辭莫能辯이로다

지금 이 서다림 속에서
큰 신통의 힘 나타내 보이시는 일
깊고 깊어 가없으며
말로는 능히 분별할 수 없도다.

여 관 대 위 덕
汝觀大威德

무 량 보 살 중
無量菩薩衆하라

시 방 제 국 토
十方諸國土에

이 래 견 세 존
而來見世尊이로다

그대들은 큰 위덕을 갖춘

한량없는 보살 대중을 보라

시방의 여러 국토로부터

와서 세존을 뵈옵도다.

소 원 개 구 족
所願皆具足하며

소 행 무 장 애
所行無障礙하니

일 체 제 세 간
一切諸世間이

무 능 측 량 자
無能測量者로다

소원이 다 구족하고

행하시는 일 장애 없어서

일체 모든 세간 사람들

능히 측량할 이 아무도 없도다.

일 체 제 연 각
一切諸緣覺과

급 피 대 성 문
及彼大聲聞은

개 실 불 능 지
皆悉不能知

보 살 행 경 계
菩薩行境界로다

일체 모든 연각이나

그리고 저 큰 성문들은

보살의 행하는 경계를

누구도 알지 못하도다.

소승성문이나 연각의 생각과 행동과 대승보살의 생각과
행동에 대한 다른 점을 누누이 밝혀 왔다. 대승보살의 입장
에서 보면 안타깝기 이를 데 없어서 거듭거듭 이야기한다.
다 같은 부처님의 가르침을 공부하고 수행하면서 왜 그렇게
좁은 생각에 젖어 자기만을 생각하고 다른 중생들을 돌아
보지 못하는가. 생각할수록 불쌍하고 마음이 쓰여서 계속
해서 이르는 것이다. 다만 보살의 크나큰 자비심에서 하는
일이다.

보 살 대 지 혜
菩薩大智慧가

제 지 실 구 경
諸地悉究竟하고

고 건 용 맹 당
高建勇猛幢하니

난 최 난 가 동
難摧難可動이로다

보살의 큰 지혜

모든 지위를 끝까지 마치고

용맹한 당기幢旗 높이 세우니

꺾을 수도 없고 흔들 수도 없도다.

제 대 명 칭 사
諸大名稱士의

무 량 삼 매 력
無量三昧力으로

소 현 제 신 변
所現諸神變이

법 계 실 충 만
法界悉充滿이로다

소문이 널리 퍼진 모든 큰 보살들

한량없는 삼매의 힘으로

나타내는 모든 신통과 변화

법계에 가득히 충만하도다.

더 이상 무슨 설명이 필요하랴. 아무리 친절한 해설을 한다 하더라도 그것은 혹이요 군더더기며 사족일 뿐이리라.

2) 남방의 불가괴정진왕보살不可壞精進王菩薩

이 시　불 가 괴 정 진 왕 보 살　승 불 신 력　　관
爾時에 **不可壞精進王菩薩**이 **承佛神力**하사 **觀**

찰 시 방　　이 설 송 언
察十方하고 **而說頌言**하사대

이때에 불가괴정진왕보살不可壞精進王菩薩이 부처님의 위
신력을 받들어 시방을 살펴보고 게송으로 말하였습니다.

여 관 제 불 자　　　　　지 혜 공 덕 장
汝觀諸佛子하라　　　**智慧功德藏**과

구 경 보 리 행　　　　　안 은 제 세 간
究竟菩提行으로　　　**安隱諸世間**이로다

그대는 모든 불자들을 보라

지혜와 공덕의 창고와

완전한 보리행으로

모든 세간을 편안하게 하도다.

보살이 하는 일이란 지혜와 공덕과 보리행, 즉 이타행으로 모든 세상 사람을 편안하게 하는 일이다. 보살은 자나 깨나 중생 생각뿐이다.

기 심 본 명 달　　　　선 입 제 삼 매
其心本明達하야　　**善入諸三昧**하며

지 혜 무 변 제　　　　경 계 불 가 량
智慧無邊際하니　　**境界不可量**이로다

그 마음 본래 통달하였고

모든 삼매에도 잘 들어가

지혜는 가없고

경계는 측량할 수 없도다.

금 차 서 다 림　　　　종 종 개 엄 식
今此逝多林이　　　**種種皆嚴節**하니

보 살 중 운 집
菩薩衆雲集하야

친 근 여 래 주
親近如來住로다

지금 이 서다림이

가지가지로 장엄되었고

보살 대중이 구름처럼 모여 와

여래를 친근히 모시도다.

여 관 무 소 착
汝觀無所着인

무 량 대 중 해
無量大衆海하라

시 방 내 예 차
十方來詣此하야

좌 보 련 화 좌
坐寶蓮華座로다

그대는 집착이 없고

한량이 없는 대중 바다를 보라

시방으로부터 여기에 와서

보배 연꽃 자리에 앉았도다.

무 래 역 무 주
無來亦無住하며

무 의 무 희 론
無依無戱論하며

이 구 심 무 애 　　　　　　　구 경 어 법 계
離垢心無礙하야 　　　　**究竟於法界**로다

온 데도 없고 머무름도 없고
의지함도 없고 희론도 없으며
때를 여읜 마음 걸림이 없어
법계에 끝까지 이르렀도다.

　시방에서 함께 모여 온 보살이지만 다시 또 도반들의 덕
을 찬탄한다. 그대는 집착이 없고 한량이 없는 대중 바다를
보라. 시방으로부터 여기에 와서 보배 연꽃 자리에 앉았도
다. 그리고 와도 옴이 없으며 머무름도 없고 의지함도 없고
희론도 없도다. 때를 떠난 마음이 걸림이 없어서 드넓은 법
계에 끝까지 이르렀도다.

건 립 지 혜 당 　　　　　　　건 고 부 동 요
建立智慧幢하야 　　　　**堅固不動搖**하며

지 무 변 화 법 　　　　　　　이 현 변 화 사
知無變化法호대 　　　　**而現變化事**로다

지혜의 당기幢旗 세우니

견고하여 움직일 수 없고

변화가 없는 법을 알지만

변화하는 일을 나타내도다.

시 방 무 량 찰　　　　일 체 제 불 소
十方無量刹　　　　**一切諸佛所**에

동 시 실 왕 예　　　　이 역 불 분 신
同時悉往詣호대　　　　**而亦不分身**이로다

시방의 한량없는 세계

일체 모든 부처님 계신 데에

한꺼번에 모두 나아가지만

몸은 또한 나누지 아니하도다.

여기에 모여 온 보살 대중은 시방의 한량없는 세계 일체
모든 부처님 계신 데서 한꺼번에 모두 이렇게 왔지만 그곳에
역시 그대로 있다. 결코 몸을 나누어서 온 것이 아니다. 마
치 보리수나무 밑을 떠나지 않은 채 온 시방세계에 두루 하

듯 한다.

여 관 석 사 자
汝觀釋獅子의

자 재 신 통 력
自在神通力하라

능 령 보 살 중
能令菩薩衆으로

일 체 구 래 집
一切俱來集이로다

그대가 또 석가 사자의

자재하신 신통력을 보라

여러 보살들로 하여금

모두 모여 오게 하도다.

일 체 제 불 법
一切諸佛法이

법 계 실 평 등
法界悉平等호대

언 설 고 부 동
言說故不同을

차 중 함 통 달
此衆咸通達이로다

일체 모든 부처님 법은

법계가 다 평등하거니와

말로 하는 것이 같지 않음을

이 대중들이 모두 통달하도다.

제불 상 안 주   법 계 평 등 제
諸佛常安住   **法界平等際**나

연 설 차 별 법   언 사 무 유 진
演說差別法에   **言辭無有盡**이로다

모든 부처님 언제나

법계의 평등한 경계에 안주하여

차별한 법을 연설하시니

그 말씀 다함이 없도다.

3) 서방의 보승무상위덕왕보살普勝無上威德王菩薩

이 시   보 승 무 상 위 덕 왕 보 살   승 불 신 력
爾時에 **普勝無上威德王菩薩**이 **承佛神力**하사

관 찰 시 방   이 설 송 언
觀察十方하고 **而說頌言**하사대

이때에 보승무상위덕왕보살普勝無上威德王菩薩이 부처님의 위신력을 받들어 시방을 살펴보고 게송으로 말하였습니다.

여 관 무 상 사
汝觀無上士의

광 대 지 원 만
廣大智圓滿하라

선 달 시 비 시
善達時非時하야

위 중 연 설 법
爲衆演說法이로다

그대는 위없는 보살들의
광대한 지혜가 원만함을 보라
때와 때 아닌 것 잘 알고
대중들을 위하여 법을 설하도다.

최 복 중 외 도
摧伏衆外道와

일 체 제 이 론
一切諸異論하고

보 수 중 생 심
普隨衆生心하야

위 현 신 통 력
爲現神通力이로다

모든 외도의 여러 가지 다른 주장을

다 꺾어 굴복시키고

널리 중생의 마음을 따라

신통한 힘을 나타내도다.

역시 시방에서 모여 온 보살들의 덕을 찬탄한다. 지혜가 광대하고 원만하여 법을 설할 때와 때가 아님을 잘 알아서 설한다. 그 설법은 온갖 외도의 삿된 주장을 다 꺾어 조복하고 널리 중생의 마음을 따라서 신통력을 나타내 보인다.

정 각 비 유 량
正覺非有量이며

역 부 비 무 량
亦復非無量이니

약 양 약 무 량
若量若無量을

모 니 실 초 월
牟尼悉超越이로다

바른 깨달음은 한량이 있지도 않고

또한 한량이 없는 것도 아니니

한량 있는 것과 한량없는 것을

지혜로운 이[牟尼]께서 모두 초월했도다.

지혜로운 이 모니牟尼란 적묵寂默 · 적정寂靜 · 인仁 · 선仙 · 지자智者라 번역한다. 선인仙人이라는 말이다. 출가하여 마음을 닦고 도를 배우는 이의 존칭이기도 하다. 불교와 외도들이 함께 쓰는 말이다. 석존은 석가족의 모니란 뜻으로 석가모니라 한다.

여 일 재 허 공
如日在虛空에

조 림 일 체 처
照臨一切處인달하야

불 지 역 여 시
佛智亦如是하야

요 달 삼 세 법
了達三世法이로다

마치 해가 허공에 떠서

온갖 곳을 비추듯

부처님의 지혜도 그와 같아서

세 세상 법을 통달했도다.

비 여 십 오 야
譬如十五夜에

월 륜 무 감 결
月輪無減缺인달하야

여 래 역 부 연　　　　　　백 법 실 원 만
如來亦復然하야　　　**白法悉圓滿**이로다

비유컨대 마치 보름날 밤에

달덩이가 조금도 모자람 없듯이

여래도 또한 그와 같아서

흰 법이 모두 원만했도다.

부처님의 지혜는 낮에는 태양이 허공에 떠 있는 듯하고,
밤에는 보름달이 둥글게 떠 있는 듯하다.

비 여 공 중 일　　　　　운 행 무 잠 이
譬如空中日이　　　**運行無暫已**인달하야

여 래 역 여 시　　　　　신 변 항 상 속
如來亦如是하야　　　**神變恒相續**이로다

비유컨대 마치 허공에 뜬 해가

굴러가고 잠깐도 쉬지 않듯이

여래도 또한 그와 같아서

신통과 변화가 항상 계속하도다.

비 여 시 방 찰
譬如十方刹이

어 공 무 소 애
於空無所礙인달하야

세 등 현 변 화
世燈現變化도

어 세 역 부 연
於世亦復然이로다

비유컨대 마치 시방의 세계가

허공에서 걸림이 없듯이

세간 등불이 세상에 변화를 나타냄도

또한 그러하도다.

비 여 세 간 지
譬如世間地가

군 생 지 소 의
群生之所依인달하야

조 세 등 법 륜
照世燈法輪도

위 의 역 여 시
爲依亦如是로다

비유컨대 세간에 있는 땅덩이에

모든 생명들이 의지했듯이

세상을 비추는 등불의 법륜도

의지함이 되기가 또한 그와 같도다.

모든 사람과 생명과 사물은 땅을 의지하여 있듯이 사람

이 살아가는 일체의 법은 세상을 밝게 비추는 등불과 같은
부처님의 가르침을 의지한다.

비 여 맹 질 풍 　　　　　소 행 무 장 애
譬如猛疾風이　　　**所行無障礙**인달하야

불 법 역 여 시　　　　　속 변 어 세 간
佛法亦如是하야　　**速徧於世間**이로다

비유컨대 마치 맹렬한 바람이

부는 데 장애 없듯이

부처님 법도 그와 같아서

온 세상에 빨리 두루 하도다.

비 여 대 수 륜　　　　　세 계 소 의 주
譬如大水輪이　　　**世界所依住**인달하야

지 혜 륜 역 이　　　　　삼 세 불 소 의
智慧輪亦爾하야　　**三世佛所依**로다

비유컨대 마치 큰 물둘레를

세계가 의지해 있듯이

지혜 바퀴도 그와 같아서

세 세상 부처님이 의지한 바로다.

4) 북방의 무애승장왕보살無礙勝藏王菩薩

이 시 무애승장왕보살 승불신력   관찰
爾時에 **無礙勝藏王菩薩**이 **承佛神力**하사 **觀察**

시 방   이 설 송 언
十方하고 **而說頌言**하사대

이때에 무애승장왕보살無礙勝藏王菩薩이 부처님의 위신
력을 받들어 시방을 살펴보고 게송으로 말하였습니다.

비 여 대 보 산   요 익 제 함 식
譬如大寶山이   **饒益諸含識**인달하야

불 산 역 여 시   보 익 어 세 간
佛山亦如是하야   **普益於世間**이로다

비유컨대 큰 보배산이

여러 중생을 이익하게 하듯이

부처님 산도 그와 같아서
세간을 두루 이익하게 하도다.

부처님이라는 크고 높은 산은 큰 보배산과 같아서 세상을 널리 이익하게 한다. 마치 하늘에서 보배가 가득히 내려오는데 사람들이 제 그릇을 따라 그 보배를 담아서 가지는 것과 같다.

비 여 대 해 수
譬如大海水가

징 정 무 구 탁
澄淨無垢濁인달하야

견 불 역 여 시
見佛亦如是하야

능 제 제 갈 애
能除諸渴愛로다

비유컨대 큰 바닷물이
깨끗하고 때가 없듯이
부처님을 친견함도 그와 같아서
모든 갈애를 능히 제거하도다.

부처님을 친견하고 불법을 만나면 어떤 인간의 갈애도

다 제거된다. 해결하지 못할 문제가 어디에 있겠는가.

비 여 수 미 산
譬如須彌山이

출 어 대 해 중
出於大海中인달하야

세 간 등 역 이
世間燈亦爾하야

종 어 법 해 출
從於法海出이로다

비유컨대 수미산이

큰 바다에 솟았듯이

세간 등불도 그와 같아서

법의 바다 가운데서 태어났도다.

세간의 등불이란 곧 부처님을 일컫는 말이다. 부처님은 큰 바다에서 수미산이 우뚝 솟았듯이 법의 바다에서 우뚝 솟았다.

여 해 구 중 보
如海具衆寶에

구 자 개 만 족
求者皆滿足인달하야

무 사 지 역 연
無師智亦然하야

견 자 실 개 오
見者悉開悟로다

마치 바다에는 여러 가지 보배가 많아

구하는 이가 모두 만족하듯이

스승 없는 지혜도 그와 같아서

보는 이는 모두 깨달았도다.

여기에서 스승 없는 지혜[無師智]란 곧 부처님을 말한다.
부처님은 지혜의 보고이므로 친견하는 사람들은 모두 깨달
음을 얻는다.

여 래 심 심 지
如來甚深智가

무 량 무 유 수
無量無有數일새

시 고 신 통 력
是故神通力으로

시 현 난 사 의
示現難思議로다

여래의 깊고 깊은 지혜

한량이 없고 수가 없나니

그래서 신통한 힘으로

나타내는 일 생각하기 어렵도다.

비 여 공 환 사   시 현 종 종 사
譬如工幻師가   **示現種種事**인달하야

불 지 역 여 시   현 제 자 재 력
佛智亦如是하야   **現諸自在力**이로다

비유컨대 마치 능숙한 요술쟁이가

여러 가지 술법을 나타내 보이듯이

부처님의 지혜도 그와 같아서

자유자재한 힘을 나타내도다.

비 여 여 의 보   능 만 일 체 욕
譬如如意寶가   **能滿一切欲**인달하야

최 승 역 부 연   만 제 청 정 원
最勝亦復然하야   **滿諸淸淨願**이로다

비유컨대 마치 여의보배가

모든 욕구를 능히 채워 주듯이

가장 수승한 이도 그와 같아서
청정한 소원을 채워 주도다.

　세상에서 가장 수승하신 분, 부처님은 모든 청정한 소원을 다 만족하게 하신다. 반드시 청정한 소원이라야 한다는 조건을 잊어버리고 혼탁하고 나쁜 중생들의 욕망을 채우려고 강요를 한다면 어떻게 되겠는가. 모든 법은 인과의 원리를 따를 뿐이다.

비 여 명 정 보　　　　　보 조 일 체 물
譬如明淨寶가　　　**普照一切物**인달하야

불 지 역 여 시　　　　　보 조 군 생 심
佛智亦如是하야　　　**普照群生心**이로다

비유컨대 마치 밝고 깨끗한 보배
모든 물건을 두루 비추듯
부처님의 지혜도 그와 같아서
중생들의 마음을 두루 비추도다.

부처님과 부처님의 지혜와 불법은 일체 사물을 다 비추는 밝고 깨끗한 보배어서 모든 중생의 마음을 널리 비춘다.

비 여 팔 면 보
譬如八面寶가

등 감 어 제 방
等鑒於諸方인달하야

무 애 등 역 연
無礙燈亦然하야

보 조 어 법 계
普照於法界로다

비유컨대 마치 팔면으로 된 보배

여러 방위를 평등하게 비추듯이

걸림 없는 등불도 그와 같아서

온 법계를 두루 비추도다.

부처님이나 불법은 산하석벽도 장애가 되지 않고 다 투과해서 비추는 걸림 없는 등불이다. 그래서 온 법계를 빠짐없이 다 비춘다.

비 여 수 청 주
譬如水清珠가

능 청 제 탁 수
能淸諸濁水인달하야

견 불 역 여 시
見佛亦如是하야

제 근 실 청 정
諸根悉淸淨이로다

비유컨대 마치 물을 맑히는 구슬이

흐린 물을 능히 맑히듯이

부처님을 친견함도 그와 같아서

여러 감관이 다 청정해지도다.

흐린 물을 맑게 하는 수청주水淸珠라는 구슬이 있는데 아무리 혼탁하고 더러운 물이라도 이 구슬을 넣기만 하면 모든 물이 다 맑아진다. 부처님을 친견하거나 불법을 만나는 일도 그와 같아서 아무리 업장이 두텁고 악독한 사람이라도 다 정직해지고 선량해진다.

5) 동북방의 화현법계원월왕보살化現法界願月王菩薩

이 시   화 현 법 계 원 월 왕 보 살   승 불 신 력
爾時에 **化現法界願月王菩薩**이 **承佛神力**하사

관찰시방　　이설송언
觀察十方하고 **而說頌言**하사대

　　이때에 화현법계원월왕보살化現法界願月王菩薩이 부처님의 위신력을 받들어 시방을 살펴보고 게송으로 말하였습니다.

비여제청보　　　　　　능청일체색
譬如帝青寶가　　　　**能青一切色**인달하야

견불자역연　　　　　　실발보리행
見佛者亦然하야　　　**悉發菩提行**이로다

비유컨대 제청보배[帝青寶]가
능히 모든 빛을 푸르게 하듯이
부처님을 친견한 이도 그와 같아서
모두 다 보리의 행을 내게 되도다.

　　금강경에 "만약 색상으로써 나를 보거나 음성으로써 나를 찾으면 이 사람은 삿된 도를 행하는 사람이다. 결코 여래를 보지 못하리라."라고 하였다. 만약 부처님을 친견하고 보리행을 발하려면 색상과 음성을 떠나 어떤 부처님을 보아야 하겠는가.

일 일 미 진 내
一一微塵內에

불 현 신 통 력
佛現神通力하사

영 무 량 무 변
令無量無邊한

보 살 개 청 정
菩薩皆淸淨이로다

하나하나의 작은 먼지 속마다
부처님이 신통력을 나타내어
한량없고 그지없는
보살들을 다 청정하게 하도다.

작은 미세먼지와 눈에 보이지 않는 세포와 산천초목과 천지만물과 드넓은 우주에 이르기까지 법계의 원리가 적용되지 않는 것은 하나도 없다. 법계의 원리가 곧 부처님의 신통력이다.

심 심 미 묘 력
甚深微妙力을

무 변 불 가 지
無邊不可知라

보 살 지 경 계
菩薩之境界니

세 간 막 능 측
世間莫能測이로다

깊고 깊은 미묘한 힘

그지없어 알 수 없나니

보살의 경계도

세상에서 측량할 수 없도다.

여 래 소 현 신
如來所現身이

청 정 상 장 엄
淸淨相莊嚴하사

보 입 어 법 계
普入於法界하야

성 취 제 보 살
成就諸菩薩이로다

여래가 나타내시는 몸

청정한 모양으로 장엄하시고

법계에 두루 들어가

모든 보살을 성취하도다.

난 사 불 국 토
難思佛國土에

어 중 성 정 각
於中成正覺하시니

일 체 제 보 살
一切諸菩薩과

세 주 개 충 만
世主皆充滿이로다

헤아릴 수 없는 부처님 국토

거기서 정각을 이루시나니

일체 모든 보살과

세상의 주인들이 가득하도다.

어찌 임금이나 왕이나 대통령만 세상의 주인이랴. 국민이
모두 주인[民主]이다. 어찌 국민만이 주인이랴. 삼라만상과
두두물물이 주인 아닌 것이 없다. 정각이라는 눈을 뜨고 보
면 그와 같은 사실을 알게 된다.

석 가 무 상 존
釋迦無上尊이

어 법 실 자 재
於法悉自在하사

시 현 신 통 력
示現神通力하시니

무 변 불 가 량
無邊不可量이로다

위없는 석가모니 부처님
모든 법에 자유자재해
신통한 힘을 나타내는 일
끝이 없고 헤아릴 수 없도다.

보 살 종 종 행　　　　　무 량 무 유 진
菩薩種種行이　　　　**無量無有盡**하니

여 래 자 재 력　　　　　위 지 실 시 현
如來自在力으로　　　**爲之悉示現**이로다

보살들의 갖가지 행
한량없고 끝이 없건만
여래의 자재하신 힘으로
모두 다 나타내 보이시도다.

불 자 선 수 학　　　　　심 심 제 법 계
佛子善修學　　　　　**甚深諸法界**하야

성 취 무 애 지　　　　　명 료 일 체 법
成就無礙智하야　　　**明了一切法**이로다

불자들이 깊고 깊은 법계를

잘 닦아 배우고

걸림 없는 지혜를 성취하여

일체 법을 밝게 요달하도다.

선 서 위 신 력
善逝威神力으로

위 중 전 법 륜
爲衆轉法輪하시니

신 변 보 충 만
神變普充滿하야

영 세 개 청 정
令世皆淸淨이로다

잘 가신 이[善逝]의 위신력으로

대중들에게 법륜 굴리니

신통과 변화 두루 충만해

세상을 모두 청정하게 하도다.

여 래 지 원 만
如來智圓滿하며

경 계 역 청 정
境界亦淸淨하니

비 여 대 용 왕
譬如大龍王이

보 제 제 군 생
普濟諸群生이로다

여래의 지혜 원만하고

경계도 또한 청정하여

비유컨대 마치 큰 용왕이

모든 중생을 널리 건지는 것 같도다.

6) 동남방의 법혜광염왕보살法慧光焰王菩薩

이 시   법 혜 광 염 왕 보 살   승 불 신 력   관 찰
爾時에 法慧光焰王菩薩이 承佛神力하사 觀察

시 방   이 설 송 언
十方하고 而說頌言하사대

이때에 법혜광염왕보살法慧光焰王菩薩이 부처님의 위신력을 받들어 시방을 살펴보고 게송으로 말하였습니다.

삼 세 제 여 래   성 문 대 제 자
三世諸如來의   聲聞大弟子가

실 불 능 지 불   거 족 하 족 사
悉不能知佛의   擧足下足事하며

세 세상 모든 여래의
성문인 큰 제자들
부처님이 발 들고 내리는 일
그 누구도 아는 이 없도다.

거 래 현 재 세　　　　일 체 제 연 각
去來現在世에　　　**一切諸緣覺**도

역 부 지 여 래　　　　거 족 하 족 사
亦不知如來의　　　**擧足下足事**이든

과거 미래 현재 세상의
일체 모든 연각들도
여래의 발 들고 내리는 일
그 누구도 아는 이 없도다.

황 부 제 범 부　　　　결 사 소 전 박
況復諸凡夫는　　　**結使所纏縛**이며

무 명 부 심 식　　　　이 능 지 도 사
無明覆心識이어니　**而能知導師**아

하물며 모든 범부들이

번뇌에 속박되고

무명이 마음을 뒤덮었거늘

어찌 능히 부처님을 알 수 있으랴.

    일체 성문과 연각과 모든 범부는 여래의 일거수일투족에 대해서 전혀 아는 바가 없음을 밝혔다. 아무리 석존의 큰 제자라 하더라도 이타심이 없고, 보리심이 없고, 보살심이 없다면 그는 부처님의 마음이 무엇인지 알지 못하는 사람이다. 아무리 고준한 선문답을 식은 죽을 먹듯이 자유자재로 구사한다 하더라도 이타심이 없고, 보리심이 없고, 보살심이 없다면 그는 부처님의 뜻이 어디에 있는지를 전혀 모르는 사람이다.

정각 무애 지
正覺無礙智가

초 과 어 언 도
超過語言道하야

기 량 불 가 측
其量不可測이니

숙 유 능 지 견
孰有能知見가

정각의 걸림 없는 지혜가

말의 길을 초월하여

그 양이 얼마인지 측량할 수 없거니

그 누가 능히 알고 보리오.

비 여 명 월 광
譬如明月光을

무 능 측 변 제
無能測邊際인달하야

불 신 통 역 이
佛神通亦爾하야

막 견 기 종 진
莫見其終盡이로다

비유컨대 밝은 달빛을

그 끝을 측량할 수 없는 것과 같이

부처님의 신통도 또한 그러하여

그 끝을 볼 수 없도다.

일 일 제 방 편
一一諸方便과

염 념 소 변 화
念念所變化를

진 어 무 량 겁
盡於無量劫토록

사 유 불 능 료
思惟不能了로다

하나하나 모든 방편과

잠깐잠깐 변화하는 일을

한량없는 겁이 끝나도록

생각하여도 알지 못하도다.

사유 일 체 지　　　　　불 가 사 의 법
思惟一切智의　　　　不可思議法호니

일 일 방 편 문　　　　　변 제 불 가 득
一一方便門이　　　　邊際不可得이로다

일체 지혜의

불가사의한 법을 생각해 보니

그 낱낱 방편문의

끝닿은 데를 알 수 없도다.

약 유 어 차 법　　　　　이 흥 광 대 원
若有於此法에　　　　而興廣大願이면

피 어 차 경 계　　　　　지 견 불 위 난
彼於此境界에　　　　知見不爲難이로다

만약 어떤 이가 이 법에 대하여
광대한 서원만 일으킨다면
그 사람은 이런 경계를
알고 보기가 어렵지 않도다.

광대한 서원이란 무엇인가. 중생들을 인자하고 사랑하고 어여삐 여기는 마음으로 어떤 것을 희생하더라도 그들을 구제하겠다는 뜨거운 원력의 마음이다.

용 맹 근 수 습
勇猛勤修習

난 사 대 법 해
難思大法海하면

기 심 무 장 애
其心無障礙하야

입 차 방 편 문
入此方便門이로다

생각하기 어려운 큰 법의 바다를
용맹하게 닦아 익히면
그 마음은 장애가 없어
이 방편문에 들어가리라.

심 의 이 조 복
心意已調伏하며

지 원 역 관 광
志願亦寬廣하면

당 획 대 보 리
當獲大菩提의

최 승 지 경 계
最勝之境界로다

마음은 이미 조복되었고

뜻과 소원도 크고 넓어서

크고 큰 보리의

가장 수승한 경계를 마땅히 얻으리라.

7) 서남방의 파일체마군지당왕보살破一切魔軍智幢王菩薩

이 시   파 일 체 마 군 지 당 왕 보 살   승 불 신 력
爾時에 **破一切魔軍智幢王菩薩**이 **承佛神力**하사

관 찰 시 방   이 설 송 언
觀察十方하고 **而說頌言**하사대

그때에 파일체마군지당왕보살破一切魔軍智幢王菩薩이 부
처님의 위신력을 받들어 시방을 살펴보고 게송으로 말
하였습니다.

지 신 비 시 신
智身非是身이라

무 애 난 사 의
無礙難思議니

설 유 사 의 자
設有思議者라도

일 체 무 능 급
一切無能及이로다

지혜의 몸은 몸이 아니니

걸림도 없고 생각하기 어려워

설사 생각하는 이 있어도

모든 것이 미치기 어렵도다.

종 부 사 의 업
從不思議業하야

기 차 청 정 신
起此淸淨身하니

수 특 묘 장 엄
殊特妙莊嚴이

불 착 어 삼 계
不着於三界로다

부사의한 업으로부터

청정한 이 몸 생기었으니

특수하고 아름답게 장엄한 것이

세 세계에 집착이 없도다.

광 명 조 일 체
光明照一切하야

법 계 실 청 정
法界悉淸淨하니

개 불 보 리 문
開佛菩提門하야

출 생 중 지 혜
出生衆智慧로다

밝은 광명 온갖 것을 비추어

법계가 모두 청정하니

부처님 보리문을 활짝 열고

온갖 지혜를 출생하도다.

비 여 세 간 일
譬如世間日하야

보 방 혜 광 명
普放慧光明하사

원 리 제 진 구
遠離諸塵垢하고

멸 제 일 체 장
滅除一切障이로다

비유하면 마치 세간의 태양과 같아서

지혜의 광명을 널리 놓아

모든 때와 먼지를 멀리 여의고

온갖 장애를 다 없애 버리도다.

보 정 삼 유 처
普淨三有處하며

영 절 생 사 류
永絶生死流하고

성 취 보 살 도
成就菩薩道하야

출 생 무 상 각
出生無上覺이로다

삼계를 모두 깨끗이 하여

생사의 물결 영원히 끊고

보살의 도를 성취하여

위없는 깨달음을 출생하도다.

시 현 무 변 색
示現無邊色하니

차 색 무 의 처
此色無依處라

소 현 수 무 량
所現雖無量이나

일 체 부 사 의
一切不思議로다

그지없는 빛깔 나타내 보이니

그 빛이 의지한 데 없어

비록 한량없는 것을 나타내지만

모든 것을 생각할 수 없도다.

보 살 일 념 경
菩薩一念頃에

능 각 일 체 법
能覺一切法이어니

운 하 욕 측 량
云何欲測量

여 래 지 변 제
如來智邊際리오

보살이 잠깐 동안에

일체 법을 능히 깨닫지마는

여래 지혜의 변제를

어떻게 측량하리오.

일 념 실 명 달
一念悉明達

일 체 삼 세 법
一切三世法일새

고 설 불 지 혜
故說佛智慧가

무 진 무 능 괴
無盡無能壞로다

일체 세 세상의 법을

한 생각에 통달했을새

그러므로 부처님 지혜는

끝도 없고 파괴할 수도 없도다.

지 자 응 여 시
智者應如是

전 사 불 보 리
專思佛菩提니

차 사 난 사 의
此思難思議라

사 지 불 가 득
思之不可得이로다

지혜 있는 이는 이와 같이

부처님의 보리만을 오로지 생각하나니

이 생각 헤아리기 어려워

생각으로 얻을 수 없도다.

보 리 불 가 설
菩提不可說이라

초 과 어 언 로
超過語言路니

제 불 종 차 생
諸佛從此生일새

시 법 난 사 의
是法難思議로다

보리는 설명할 수 없음이라

언어의 길을 뛰어넘었으니

모든 부처님들 여기에서 났으매

이 법은 불가사의하도다.

보리, 즉 깨달음이란 말로써 설명할 수 있는 것이 아니다. 그러나 모든 부처님이나 보살이나 선지식들은 이 깨달음으로부터 태어났다. 그러므로 이 법은 참으로 불가사의하다.

8) 서북방의 원지광명당왕보살顯智光明幢王菩薩

이 시   원 지 광 명 당 왕 보 살   승 불 신 력   관
爾時에 **顯智光明幢王菩薩**이 **承佛神力**하사 **觀**

찰 시 방   이 설 송 언
察十方하고 **而說頌言**하사대

이때에 원지광명당왕보살顯智光明幢王菩薩이 부처님의 위신력을 받들어 시방을 살펴보고 게송으로 말하였습니다.

약 능 선 관 찰   보 리 무 진 해
若能善觀察   **菩提無盡海**하면

즉 득 이 치 념   결 정 수 지 법
則得離癡念하야   **決定受持法**이로다

보리의 끝없는 바다를

만약 잘 관찰하면

곧 어리석은 생각 여의고

결정코 법을 받아 지니리라.

약 득 결 정 심　　　　즉 능 수 묘 행
若得決定心하면　　　則能修妙行하야

선 적 자 사 려　　　　영 단 제 의 혹
禪寂自思慮하야　　　永斷諸疑惑이로다

만약 결정한 마음 얻기만 하면

미묘한 행行을 능히 닦아서

선정의 고요함으로 스스로 생각하고

모든 의혹 아주 끊도다.

기 심 불 피 권　　　　역 부 무 해 태
其心不疲倦하면　　　亦復無懈怠하야

전 전 증 진 수　　　　구 경 제 불 법
展轉增進修하야　　　究竟諸佛法이로다

그 마음 피로하지 않고

또한 게으르지도 않아

점점 더 닦아 나아가

모든 불법을 완성하리라.

신 지 이 성 취
信智已成就하고

염 념 영 증 장
念念令增長하야

상 락 상 관 찰
常樂常觀察

무 득 무 의 법
無得無依法이로다

믿음과 지혜 성취하였고

생각 생각에 더욱 증장해

항상 즐겁고 항상 살피나

얻을 것도 없고 의지할 법도 없도다.

무 량 억 천 겁
無量億千劫의

소 수 공 덕 행
所修功德行을

일 체 실 회 향
一切悉廻向

제 불 소 구 도
諸佛所求道로다

한량없는 억천 겁에
닦은 바 공덕의 행을
모든 부처님 구하던 도에
일체를 다 회향하리라.

수 재 어 생 사
雖在於生死나

이 심 무 염 착
而心無染着하고

안 주 제 불 법
安住諸佛法하야

상 락 여 래 행
常樂如來行이로다

비록 생사 속에 있기는 하나
마음이 물들지 않고
모든 불법에 편안히 머물러
여래의 행을 항상 즐기도다.

세 간 지 소 유
世間之所有

온 계 등 제 법
蘊界等諸法을

일 체 개 사 리
一切皆捨離하고

전 구 불 공 덕
專求佛功德이로다

이 세상에 있는

오온과 십팔계와 모든 법들

일체 것을 모두 버리고

오로지 부처님의 공덕만 구함이로다.

범부영망혹　　　　　　어세상유전
凡夫嬰妄惑하야　　　　於世常流轉일새

보살심무애　　　　　　구지영해탈
菩薩心無礙하야　　　　救之令解脫이로다

범부는 의혹에 얽혀

세상에서 항상 헤매는 것을

보살의 마음 걸림이 없어

그들을 구원하여 해탈케 하도다.

보살행난칭　　　　　　거세막능사
菩薩行難稱이라　　　　舉世莫能思니

변제일체고　　　　　　보여군생락
徧除一切苦하고　　　　普與群生樂이로다

보살의 행은 말할 수 없고

온 세상이 생각할 수 없나니

일체 괴로움을 두루 없애고

널리 중생들에게 즐거움을 주도다.

이 획 보 리 지
已獲菩提智하고

부 민 제 군 생
復愍諸群生일새

광 명 조 세 간
光明照世間하야

도 탈 일 체 중
度脫一切衆이로다

보리의 지혜 이미 얻었고

모든 중생들 가엾이 여겨

밝은 빛으로 세간을 비추어

일체 중생을 해탈케 하도다.

9) 하방의 파일체장용맹지왕보살破一切障勇猛智王菩薩

이 시　파 일 체 장 용 맹 지 왕 보 살　승 불 신 력
爾時에 **破一切障勇猛智王菩薩**이 **承佛神力**하사

관 찰 시 방   이 설 송 언
觀察十方하고 **而說頌言**하사대

이때에 파일체장용맹지왕보살破一切障勇猛智王菩薩이 부
처님의 위신력을 받들어 시방을 살펴보고 게송으로 말
하였습니다.

무 량 억 천 겁   불 명 난 가 문
無量億千劫에   **佛名難可聞**이어든

황 부 득 친 근   영 단 제 의 혹
況復得親近하야   **永斷諸疑惑**가

한량없는 억천 겁 동안

부처님 이름 듣지도 못하거든

하물며 친근히 모시고

모든 의혹 영원히 끊을 수 있으랴.

여 래 세 간 등   통 달 일 체 법
如來世間燈이   **通達一切法**하사

보생 삼 세 복
普生三世福하야

영 중 실 청 정
令衆悉淸淨이로다

여래는 세간의 등불

일체 법을 통달하시고

세 세상 복을 두루 내어서

중생들을 모두 다 청정하게 하도다.

여래 묘 색 신
如來妙色身을

일 체 소 흠 탄
一切所欽歎이라

억 겁 상 첨 앙
億劫常瞻仰호대

기 심 무 염 족
其心無厭足이로다

여래의 묘한 육신은

모든 이의 존경하는 대상이라

억겁 동안에 항상 앙모하여도

마음에 만족한 줄 모르도다.

약 유 제 불 자
若有諸佛子가

관 불 묘 색 신
觀佛妙色身하면

필 사 제 유 착
必捨諸有着하고

회 향 보 리 도
廻向菩提道로다

만일 어떤 불자가

부처님의 미묘한 육신을 본다면

반드시 모든 집착을 버리고

보리의 길에 회향하리라.

여 래 묘 색 신
如來妙色身이

항 연 광 대 음
恒演廣大音하시니

변 재 무 장 애
辯才無障礙하야

개 불 보 리 문
開佛菩提門이로다

여래의 미묘한 육신

광대한 음성 항상 내시니

변재가 걸림이 없어

부처님의 보리문 활짝 열도다.

효 오 제 군 생
曉悟諸群生이

무 량 부 사 의
無量不思議라

영 입 지 혜 문　　　　수 이 보 리 기
令入智慧門하야　　**授以菩提記**로다

한량없고 부사의한
모든 중생을 깨우쳐서
지혜의 문에 들게 하고
보리의 수기를 주시도다.

여 래 출 세 간　　　　위 세 대 복 전
如來出世間이　　　**爲世大福田**이라

보 도 제 함 식　　　　영 기 집 복 행
普導諸含識하야　　**令其集福行**이로다

여래가 세간에 나시어
세상에 큰 복전이 되고
모든 중생 널리 인도하여
복덕의 행 모으게 하도다.

약 유 공 양 불　　　　영 제 악 도 외
若有供養佛이면　　**永除惡道畏**하야

소 멸 일 체 고
消滅一切苦하고

성 취 지 혜 신
成就智慧身이로다

만약 어떤 이가 부처님께 공양하면

영원히 나쁜 길의 두려움 없어지고

모든 괴로움 소멸하여

지혜의 몸 성취하도다.

약 견 양 족 존
若見兩足尊하고

능 발 광 대 심
能發廣大心이면

시 인 항 치 불
是人恒值佛하야

증 장 지 혜 력
增長智慧力이로다

만약 양족존兩足尊을 친견하고

광대한 마음 내기만 하면

이 사람은 부처님 항상 만나

지혜의 힘이 증장하리라.

약 견 인 중 승
若見人中勝하고

결 의 향 보 리
決意向菩提하면

시 인 능 자 지
是人能自知

필 당 성 정 각
必當成正覺이로다

만일 인간 가운데 수승한 이를 보고

뜻을 결단하여 보리에 향하면

반드시 정각 이루게 될 것을

능히 스스로 알게 되리라.

10) 상방의 법계차별원지신통왕보살法界差別願智神通王菩薩

이 시   법 계 차 별 원 지 신 통 왕 보 살   승 불 신 력
爾時에 **法界差別願智神通王菩薩**이 **承佛神力**

관 찰 시 방   이 설 송 언
하사 **觀察十方**하고 **而說頌言**하사대

이때에 법계차별원지신통왕보살法界差別願智神通王菩薩이
부처님의 위신력을 받들어 시방을 살펴보고 게송으로
말하였습니다.

석 가 무 상 존
釋迦無上尊이

구 일 체 공 덕
具一切功德하시니

견 자 심 청 정
見者心淸淨하야

회 향 대 지 혜
廻向大智慧로다

석가모니 가장 높으신 세존

일체 공덕을 갖추시니

보는 이의 마음이 청정하며

큰 지혜에 회향하도다.

인류 5천여 년의 역사에서 실존했던 사람으로 가장 훌륭한 인격자는 석가 세존이시다. 그분보다 더 높은 이가 없는 [無上], 그래서 가장 높으신 분이다. 일체 공덕을 다 갖춘 이와 같은 분을 보는 사람은 그도 저절로 마음이 청정해진다. 사바세계 중생은 형상을 보아야 마음이 난다고 해서 상견중생相見衆生이라 한다. 그래서 자신의 삶을 모두 그분이 증득하신 큰 지혜에 회향하게 된다.

여 래 대 자 비
如來大慈悲로

출 현 어 세 간
出現於世間하사

보 위 제 군 생
普爲諸群生하야

전 무 상 법 륜
轉無上法輪이로다

여래의 크신 자비로

세간에 출현하시어

널리 중생을 위하여

가장 높은 법륜을 굴리셨도다.

여 래 무 수 겁
如來無數劫에

근 고 위 중 생
勤苦爲衆生하시니

운 하 제 세 간
云何諸世間이

능 보 대 사 은
能報大師恩이리오

여래께서 수없는 겁 동안

부지런히 고행하여 중생을 위하셨으니

어찌하여 모든 세간들이

큰 스승의 은혜를 갚을 수 있으리오.

부처님의 은혜를 갚는 길은 무엇일까. 법을 전하는 게송에, "가령 부처님의 은혜를 갚으려고 부처님을 머리에 이고 무수한 겁을 지내더라도, 몸이 삼천대천세계만 한 평상이나 의자가 되어 부처님을 모시더라도, 만약 법을 전하여 중생들을 제도하지 못하면 필경에는 부처님의 은혜를 갚을 수 없으리라."[7]라고 하였다.

영 어 무 량 겁　　　　　　수 제 악 도 고
寧於無量劫에　　　**受諸惡道苦**언정

종 불 사 여 래　　　　　이 구 어 출 리
終不捨如來하고　　**而求於出離**로다

차라리 한량없는 겁 동안

모든 악도의 고통을 다 받을지언정

마침내 여래를 버리고

벗어나기를 구하지 않으리로다.

부처님의 제자로서 부처님과 부처님의 법에 대한 애착과 존경과 집착과 사랑이 있는 사람이라면 이와 같은 맹세를 해야 할 것이다.

---

7) 가사정대경진겁假使頂戴經塵劫 신위상좌변삼천身爲牀座徧三千
   약불전법도중생若不傳法度衆生 필경무능보은자畢竟無能報恩者.

영 대 제 중 생
寧代諸衆生하야

비 수 일 체 고
備受一切苦언정

종 불 사 어 불
終不捨於佛하고

이 구 득 안 락
而求得安樂이로다

차라리 모든 중생을 대신하여

온갖 고통을 다 받을지언정

마침내 부처님을 버리고

안락을 구하지 않으리로다.

영 재 제 악 취
寧在諸惡趣하야

항 득 문 불 명
恒得聞佛名이언정

불 원 생 선 도
不願生善道하야

잠 시 불 문 불
暫時不聞佛이로다

차라리 모든 악도에 있으면서

항상 부처님의 이름을 들을지언정

선한 길에 태어나 잠깐이라도

부처님 이름 듣지 못함은 원치 않으리로다.

영 생 제 지 옥
寧生諸地獄하야

일 일 무 수 겁
一一無數劫이언정

종 불 원 리 불
終不遠離佛하고

이 구 출 악 취
而求出惡趣로다

차라리 모든 지옥에 다 태어나

낱낱이 수없는 겁을 지낼지언정

마침내 부처님을 멀리 여의고

악도에서 벗어나기를 구하지 않으리로다.

하 고 원 구 주
何故願久住

일 체 제 악 도
一切諸惡道오

이 득 견 여 래
以得見如來하야

증 장 지 혜 고
增長智慧故로다

일체 모든 악도에서 오래 있기를

어찌하여 원하는가

여래를 친견하고

지혜를 늘리려 함이로다.

약 득 견 어 불
若得見於佛하면

제 멸 일 체 고
除滅一切苦하고

능 입 제 여 래
能入諸如來

대 지 지 경 계
大智之境界로다

만약 부처님을 친견하면

일체 고통을 소멸하고

모든 여래의 큰 지혜 경계에

능히 들어가게 되도다.

약 득 견 어 불
若得見於佛하면

사 리 일 체 장
捨離一切障하고

장 양 무 진 복
長養無盡福하야

성 취 보 리 도
成就菩提道로다

만약 부처님을 친견하면

일체 장애를 다 떠나고

다함없는 복덕을 길러서

보리도菩提道를 성취하리라.

여래 능 영 단   일 체 중 생 의
如來能永斷   **一切衆生疑**하고

수 기 심 소 락   보 개 영 만 족
隨其心所樂하야   **普皆令滿足**이로다

여래께서는 영원히

일체 중생의 의심을 끊고

그들이 좋아하는 마음을 따라서

모두 다 만족하게 하도다.

법계에 들어가는 품을 설하기 위해 시방에서 무수한 보살 대중이 모여 왔고, 시방 보살의 대표들이 각각 열 곡의 노래를 다 불렀다. 그 노래들은 얼마나 아름다운가. 얼마나 결의에 넘치는가. 진정한 불자들은 다 같이 피가 끓으리라.

차라리 한량없는 겁 동안

모든 악도의 고통을 다 받을지언정

마침내 여래를 버리고

벗어나기를 구하지 않으리로다.

차라리 모든 중생을 대신하여

온갖 고통을 다 받을지언정

마침내 부처님을 버리고

안락을 구하지 않으리로다.

차라리 모든 악도에 있으면서

항상 부처님의 이름을 들을지언정

선한 길에 태어나 잠깐이라도

부처님 이름을 듣지 못함은 원치 않으리로다.

차라리 모든 지옥에 다 태어나

낱낱이 수없는 겁을 지낼지언정

마침내 부처님을 멀리 여의고

악도에서 벗어나기를 구하지 않으리로다.

입법계품 1 끝

〈제60권 끝〉

華嚴經 構成表

分次	周次		內容	品數	會次
擧果勸樂生信分 (信)	所信因果周		如來依正	世主妙嚴品 第一 如來現相品 第二 普賢三昧品 第三 世界成就品 第四 華藏世界品 第五 毘盧遮那品 第六	初會
修因契果生解分 (解)	差別因果周	差別因	十信	如來名號品 第七 四聖諦品 第八 光明覺品 第九 菩薩問明品 第十 淨行品 第十一 賢首品 第十二	二會
			十住	昇須彌山頂品 第十三 須彌頂上偈讚品 第十四 十住品 第十五 梵行品 第十六 初發心功德品 第十七 明法品 第十八	三會
			十行	昇夜摩天宮品 第十九 夜摩天宮偈讚品 第二十 十行品 第二十一 十無盡藏品 第二十二	四會
			十廻向	昇兜率天宮品 第二十三 兜率宮中偈讚品 第二十四 十廻向品 第二十五	五會
			十地	十地品 第二十六	六會
			等覺	十定品 第二十七 十通品 第二十八 十忍品 第二十九 阿僧祇品 第三十 如來壽量品 第三十一 菩薩住處品 第三十二	七會
		差別果	妙覺	佛不思議法品 第三十三 如來十身相海品 第三十四 如來隨好光明功德品 第三十五	
	平等因果周	平等因		普賢行品 第三十六	
		平等果		如來出現品 第三十七	
託法進修成行分 (行)	成行因果周		二千行門	離世間品 第三十八	八會
依人證入成德分 (證)	證入因果周		證果法門	入法界品 第三十九	九會

（資料：文殊經典研究會）

會場	放光別	會主	入定別	說法別舉
菩提場	遮那放齒光眉間光	普賢菩薩為會主	入毘盧藏身三昧	如來依正法
普光明殿	世尊放兩足輪光	文殊菩薩為會主	此會不入定．信未入位故	十信法
忉利天宮	世尊放兩足指光	法慧菩薩為會主	入無量方便三昧	十住法門
夜摩天宮	如來放兩足趺光	功德林菩薩為會主	入菩薩善思惟三昧	十行法門
兜率天宮	如來放兩膝輪光	金剛幢菩薩為會主	入菩薩智光三昧	十迴向法門
他化天宮	如來放眉間毫相光	金剛藏菩薩為會主	入菩薩大智慧光明三昧	十地法門
再會普光明殿	如來放眉間口光	如來為會主	入剎那際三昧	等妙覺法門
三會普光明殿	此會佛不放光．表行依解法依解光故	普賢菩薩為會主	入佛華莊嚴三昧	二千行門
祇陀園林	放眉間白毫光	如來善友為會主	入獅子頻申三昧	果法門

如天 無比

1943년 영덕에서 출생하였다. 1958년 출가하여 덕흥사, 불국사, 범어사를 거쳐 1964년 해인사 강원을 졸업하고 동국역경연수원에서 수학하였다. 10여 년 선원생활을 하고 1976년 탄허스님에게 화엄경을 수학하고 전법, 이후 통도사 강주, 범어사 강주, 은해사 승가대학원장, 대한불교조계종 교육원장, 동국역경원장, 동화사 한문불전승가대학원장 등을 역임하였다.

현재 부산 문수선원 문수경전연구회에서 200여 명의 스님과 300여 명의 재가 신도들에게 화엄경을 강의하고 있다. 또한 다음 카페 '염화실'(http://cafe.daum.net/yumhwasil)을 통해 '모든 사람을 부처님으로 받들어 섬김으로써 이 땅에 평화와 행복을 가져오게 한다.'는 인불사상(人佛思想)을 펼치고 있다.

저서로『무비스님이 풀어 쓴 김시습의 법성게 선해』,『법화경 법문』,『신금강경 강의』,『직지 강설』(전 2권),『법화경 강의』(전 2권),『신심명 강의』,『임제록 강설』,『대승찬 강설』,『유마경 강설』,『당신은 부처님』,『사람이 부처님이다』,『이것이 간화선이다』,『무비 스님과 함께하는 불교공부』,『무비 스님의 증도가 강의』,『일곱 번의 작별인사』, 무비 스님이 가려 뽑은 명구 100선 시리즈(전 4권) 등이 있고 편찬하고 번역한 책으로『화엄경(한글)』(전 10권),『화엄경(한문)』(전 4권),『금강경 오가해』등이 있다.

대방광불화엄경 강설 제60권

| 초판 1쇄 발행_ 2017년 5월 18일
| 초판 2쇄 발행_ 2019년 1월 13일

| 지은이_ 여천 무비(如天 無比)
| 펴낸이_ 오세룡
| 편집_ 박성화 손미숙 정선경 이연희
| 기획_ 최은영 권미리
| 디자인_ 고혜정 김효선 장혜정
| 홍보 마케팅_ 이주하
| 펴낸곳_ 담앤북스
　　　　서울특별시 종로구 새문안로3길 23 경희궁의 아침 4단지 805호
　　　　대표전화 02)765-1251 전송 02)764-1251 전자우편 damnbooks@hanmail.net
　　　　출판등록 제300-2011-115호
| ISBN　979-11-87362-80-7　04220

정가 14,000원